南房総市

日本一おいしい

ご飯給食

はじめに

農水産物の宝庫、南房総市。

子どもたちを育む「四里四方」には、豊かな食材があふれています。南房総市教育委員会は、「食は文化」という理念のもと、海・山・里の食材を生かし、「ご飯」を基本とした和食中心の学校給食を提供しています。

子どもたちの嗜好に合わせたメニューではありません。私たち大人が、「子どもたちに食べさせたい、伝えたい」と思える、この地域で昔から食べられているご飯を主食としたメニューです。

本市では、平成23年度から週5日間ご飯を提供する完全米飯給食を実施しており、地元農家や水産業者、商店など多くの地域の方にご協力をいただいております。

今回『南房総市 日本一おいしいご飯給食』を出版するにあたり、大切にしたのは、レシピだけを掲載するような本にしないということでした。

生産者の顔が見える給食レシピ本。使われている食材は、どこで、どんな人が作っているのか、どんな苦労があるのか、そして地元の子どもたちへのあたたかい想いをレシピと一緒に読者の皆様に届けたいと考えました。

読者の皆様には、地元の子どもたちを想う生産者の方々のあたたかい気持ちと一緒に、本市自慢の学校給食を味わっていただければ幸いです。

南房総市教育委員会

目次

日本一おいしいご飯給食２

日本一おいしいご飯給食３

千葉県 南房総市がめざす “日本一おいしいご飯給食”

【地産地消の推進】

- 南房総食品卸売市場とのネットワーク
- 地域生産者とのネットワーク
- 千葉県立安房拓心高校との連携
- 各学校での『南房総学』の取り組み

【和食中心の献立】

- 日本人としての食文化
- 南房総の伝統料理
- 食事マナー
- 完全米飯給食（100%南房総市産）

日本一おいしいご飯給食

【子どもに食べさせたい食】

- 油脂分の少ない献立
- 生涯の健康を守る
- 食習慣改善
- 学力向上

地元産コシヒカリの給食を毎日、幼稚園、小・中学校に

南房総市では、2011年（平成23年）4月から市内の幼稚園、小学校、中学校で「完全米飯給食」を導入しています。全国有数の早場米産地でもある千葉県南房総市。子どもたちに毎日、100%南房総市産コシヒカリを主食としたご飯給食を提供しているのです。

学校給食は、食べることを学ぶ大切な時間。人間の食生活の基本は、子どものうちに決まると言われています。南房総市では、生活習慣病予備軍の子どもたちを減らすべく、学校給食を通して食習慣改善の提案を行っています。

南房総市がめざす“日本一おいしいご飯給食”とは、ただ単においしい、味が良いといった「子どもに喜ばれる給食」を提供することではなく、子どもたちの生涯の健康や食習慣改善を考えた「大人が考えた子どもに食べさせたい食」を心がけていることです。美しい海の幸あり、山の幸ありの南房総市ならではの地元の旬の食材を活かした「地産地消」を積極的に取り入れ、ご飯を主食とした「和食中心の献立」を実現しています。

【地産地消の推進】

「海・山・里」の豊かな幸を給食に

「地産地消」とは、「地域生産 - 地域消費」の略語で、地域でとれた農林水産物を地域で消費しようという取り組みです。南房総市には、豊かに実る水田のコシヒカリ、美しい海が育む海の幸、みずみずしい山の幸などがあふれています。地域の生産者とのネットワークをはかることで、地元産の旬の食材を活かした献立作りを可能にしています。

- **海の幸**▶あじ、くじら、わかめ、ひじき、天草etc.
- **山の幸**▶みかん、びわ、梨、ぶどう、たけのこ、しいたけ、梅etc.
- **里の幸**▶セロリ、大根、菜花、れんこん、きゅうり、長ねぎetc.

【和食中心の献立】

日本伝統の味、郷土の味を伝える

和食中心の献立にすることで、家庭ではあまり作られることが少なくなった「日本伝統の味」や「南房総市の郷土の味」を学校給食で子どもたちに伝えていくことができます。また、箸　を正しく持つことで、食事が円滑にでき、食事マナーも良くなります。さらに、南房総市の小・中学校で行われている『南房総学』（P54参照）の学習で収穫した米、大葉わかめ、ひじき、しいたけなどを「自産自消」の取り組みとして学校給食の献立に取り入れる食農教育にもつながっています。

【子どもに食べさせたい食】

油脂分の少ない献立で食習慣を改善

伝統的な日本食は油脂分が少ないのが特徴です。肉料理や揚げ物、炒め物が減り、魚料理や野菜料理など油脂分の少ない献立を提供できます。栄養バランスの偏った食生活や生活習慣病予備軍の増加が心配される現代社会。塩分や糖分の多いスナック菓子や炭酸飲料で満腹になってしまったり、夜型の生活を送ることで朝食が満足に食べられなかったりする子どもたちが見受けられます。箸を使って、よく噛み、しっかりと味わって食べるご飯を主食とした献立は、子どもたちの食習慣改善に役立ちます。

食習慣改善の近道
“ご飯給食”５つのメリット

**よく噛んで味わって食べる“ご飯給食”は、
成長期にある子どもたちにとって、いいことずくめです！**

1 栄養バランスのとれた季節感のある献立が可能

ご飯給食は、四季折々の野菜や魚介を使う和食のおかずが中心となります。肉がメインとなる洋食と異なり、食事から季節を感じ、自然の恵みに感謝する気持ちが生まれてくるもの。また、地元で採れた食材や伝統食を取り入れられるのも和食の大きなメリットです。遠くから運ばれてくる食材よりも、旬の地場産の野菜や魚介は新鮮ゆえに栄養価が高く、素材本来が持つ本物の旨みを味わうことができます。和食は塩分が多くなりがちなので、素材自体に力のある、できるだけ新鮮な食材を選んで、塩気に頼らない調理を心がけています。

2 生活習慣病になりにくい健康的な食生活が身につく

味が濃い、油や塩分の多い食事は、子どものころから生活習慣病予備軍となる原因に。ご飯に合う和食のおかずなら、肉料理や揚げ物、炒め物が減り、意識しなくても自然に油分が少なく、野菜たっぷりの献立が組めるようになります。南房総市の給食では、１滴も油を使わない日もあるほど。子どものころから病気になりにくい食生活に親しみ、それが好物の味になればしめたもの。その食習慣は、大人になってからの健康を大きく左右します。ただし、淡白になりがちな和食は、調理方法を日々変えて、毎日食べても飽きない工夫をしましょう。

3

よく噛むことで食べすぎや虫歯を防ぐ

ご飯はパンに比べると絶対的に咀嚼《そしゃく》の回数が増加します。ご飯に加え、根菜や豆、昆布など、よく噛まないと食べられない“カミカミ給食”というおかずをほぼ毎日、1～2品用意しているのも南房総市の給食の特徴のひとつです。

なぜ噛むことがいいのでしょうか。よく噛んで唾液がしっかり出れば、虫歯予防や消化促進にもつながります。満腹感も得やすくなるので食べすぎを防ぎ、肥満を予防します。また、よく噛むことで食材自体の旨みが口内に広がり、子どものころから豊かな味覚を育てることにもつながります。

4

正しい箸の持ち方など、食文化とマナーを身につける

日本食を日常的に食べることで、ご飯は左、汁物は右といった配膳のしきたりや、箸の使い方が自然と身についてきます。親が間違えた箸の持ち方をしていると、子どももほぼ確実に間違えた持ち方をしてしまうもの。間違えた食べ方をしている子どもは、好き嫌いや偏食の傾向が高くなります。たくさんの人たちと食べる学校給食は、食に対して気づきを与えるチャンスの場。ご飯茶碗や箸の持ち方など、ご家庭でも親と子どもが一緒になって、日本の食文化や食事のマナーを身につけましょう。

5

腹持ちのいいご飯で集中力を高め、脳を活性化

脳の活動エネルギーは、主にブドウ糖の働きによるもの。ブドウ糖は体内に大量に貯蔵することができず、不足すると集中力や記憶力の低下につながります。脳のエネルギーの補給には、じわじわと体内に吸収され、長時間維持できるご飯が一番。また、空腹だと集中力が保てないので、腹持ちのいいご飯が良いのです。

特にご飯を食べてほしいのは、脳が活発に働く午前中。あごや舌をよく動かすことで脳の血流がアップして、脳を活性化させます。ご飯は学習能率を上げるために重要な主食と言えるでしょう。

ご飯がおいしく食べられる!
南房総市流　ご飯給食の秘訣

南房総市の“ご飯給食”の基本セットは「ご飯＋一汁二菜」。
子どもたちの健康を考えた献立作りのこだわりとコツをお教えします。

食べたいものではなく、食べさせたいものを作る

魚や野菜、煮物など、子どもが嫌いな料理でも臆せずに提供しましょう。食べ残されてもめげずに出し続けることで、苦手なものにもチャレンジできる子どもに育ちます。子どもに迎合するのではなく、親が子に食べさせたいものを作ってあげてください。ただし、苦手なものは１食に１品まで。献立のすべてを嫌いな食材で揃えず、嫌いなものと好物の料理をうまく組み合わせて。好きな食材の力を借りて、苦手なものでもつい食べてしまうケースが多いものです。

基本は白いご飯！

南房総市の給食は「ご飯を食べるためのおかず」が基本的な考えです。おかずとご飯をよく噛んで食べ、口の中でおかずとご飯と唾液が混じったときに独特の旨みを感じるようになります。これを“口中調味”と呼びますが、洋食のように１品１品のおかずを楽しむ食事では感じられない和食独特の味わい方です。わずかな塩気で引き立つ素材の甘みなど、微妙な味の濃淡も白いご飯によって感じやすくなります。子どもの味覚を鍛えるためにも、ご飯は欠かせない存在なのです。

副菜で根菜、豆類を積極的に
白いご飯で口中調味

献立作りのアドバイス

旬のフルーツ
主菜は
魚、肉、卵
汁物で野菜を
たっぷり補給

※南房総市の給食では、献立に牛乳200mlを添えていますが、必ずしも食事のときに飲まなくてもOK。朝起きたときやおやつとして、1日のどこかで飲ませるといいでしょう。

ご飯＋一汁二菜

南房総市では「給食のような食生活を家でも実践してほしい」という思いを込め、家庭でのお手本となるような献立を組み立てています。といっても、決して難しいことではありません。献立の基本セットは、ご飯、主菜、副菜、汁物、そして季節のフルーツ。つまり一汁二菜の献立を作ればいいのです。汁物は野菜を十分にとるためにも必要不可欠。一汁二菜の献立は自然と栄養のバランスがとれる組み合わせなのです。この食べ方が身につくよう、日々のご家庭の食事でも子どもたちにすりこみ続けてください。

魚、豆、根菜、海草を積極的に

EPAやDHAなど子どもの脳の発達に欠かせない栄養素を含んだ青魚や食物繊維が豊富な豆や根菜など、家庭ではなかなか登場しない食材をあえて積極的に取り入れています。南房総市の給食では、できる限りたくさんの食材を使うようにしており、特に野菜は1日に食べる量の1/3以上を給食でとれるようにしています。

地元の旬の食材を使う「地産地消」「自産自消」

南房総市では、市場や生産者の協力を得て、できる限り地元で採れた野菜や海草を使っています。給食のときに「これは○○さんのおじいちゃんが作った野菜ですよ」とコメントすると、生産者の家族だけではなく、子どもたち全員が野菜に興味を持ち、喜んで食べてくれます。また、子どもたちが学校で育てた野菜や米も収穫時に給食で提供する「自産自消」を実施していますが、いつも大好評！　給食を食べ残す子どもがいないほど。自分たちで育てることで、食の大切さを感じることができるのです。畑や漁協に遊びに行くなどして、食材の生まれる場、生産者の働いている現場を見せるだけでも子どもたちの意識は大きく変わります。

献立作りのアドバイス

ご飯給食を支える！　管理栄養士さんに伺いました

内房学校給食センター
岩崎　恵さん

子どもたちの好物もときどきは作りますが、基本は食べさせたい料理を出しています。苦手な料理も「おいしいよ!」と声をかけ、自信を持って出しましょう。お母さんのひと声（＝肥《こ》え）が子どもの心に栄養を与え、食べてみようという行動を起こさせます。作り手の想いは必ず伝わるので、自分のできる範囲で手間をかけて料理を作ってみてください。

朝夷学校給食センター
小安亜季さん

家族の健康を担っているのは、日々の料理を作るおうちの方です。その責任を意識して、できることから実践しましょう。少しでも野菜を食べさせようという意識や外食でも野菜料理を1品加えようという小さな心がけでOK。また、農業や酪農体験へ行くと食に興味がわき、好き嫌いがなくなるきっかけに。ぜひ家族で参加してください。

子どものうちから食体験を増やす

今まで食べたことのない料理にも積極的にチャレンジさせてあげてください。ハンバーグやスパゲティなど、どこにでもある料理ではなく、ぜひ地元ならではの郷土料理を食卓にあげましょう。おばあちゃんが昔から作っていた料理、お祭りのときだけに食べる料理など、その地域特有の料理や食べ方を子どものときに体験させるのはとても大切なことです。将来、たとえ生まれた土地を離れても、「自分の郷土の味はこれなんだ」と懐かしみ、郷土に誇りを持てるかどうかは、子どもたちを育てる大人の責任なのです。

味の重なりを防ぐ工夫を

みそ煮などみそを使った主菜の日は、汁物をすまし汁にするなど、1食の中で味が重ならないようにしましょう。また、主菜があっさりした焼き魚の日には、ピーナッツあえなどコクのある副菜を合わせ、1食の中で味の濃淡のバランス(「濃い味」+「薄い味」)をつけることも大事。毎日の献立で同じような料理、味つけ、食材が続かないように心がけてください。

丸山学校給食センター
伊藤真理さん

私たちの体は毎日食べているもので作られています。しかし、毎食100%のものを作るのは大変です。保存ができる常備菜を多めに作ったり、冷凍しておくのもおすすめです。がんばりすぎず、柔軟に調整し、命の源であるたくさんの自然の恵みと、健康だからこそおいしくいただけることにいつも感謝しましょう。

和田学校給食センター
井藤昌子さん

毎日1食、少しでもいいので地元の旬のもの、自然の恵みが感じられる料理を食べさせてあげてください。子どもだけではなく、大人も一緒に家族みんなで食体験を増やしましょう。嫌いなものも無理強いせず、少しずつ食べられるような食習慣を身につけて。食べてみよう! というチャレンジ精神や、食に興味を持つことが大切です。

食材は大きく、厚めに切る

しっかりよく噛むことを目的に、食材は通常のひと口大よりも大きめに切っています。1cm厚さのいちょう切りにしたり、マッチ棒よりも太いせん切りにしたり、切り方によって「噛むおかず」に仕立てています。厚く大きく切った食材は火が通りにくいので、きんぴらなどを作るときはいつもよりしっかりめに火を通すといいでしょう。低年齢の子どもの場合は、少しだし汁を加えて煮るように炒めると、やわらかく食べやすくなります。

調理法＆調味の工夫

野菜の下ゆでは素早くさっと！

給食であえ物やサラダにするときは、野菜をすべて下ゆでしてから使っていますが、シャキシャキ感が残るよう、ゆで加減に気を遣っています。加熱による退色を防ぐために、青菜などの野菜は素早く引き上げましょう。新鮮な野菜ほど水分が多くみずみずしいため、火の通りが早いので注意してください。

食中毒予防に加熱殺菌！万全の衛生管理で作る給食

野菜などを洗うときは、必ず１本ずつ手にとって３回洗います。給食では食中毒を予防するために、生で食べられる野菜と果物類等を除くすべての食材に加熱殺菌が義務づけられ、サラダやあえ物に使う野菜もすべて加熱しています。揚げ物や煮物も、食材の芯までしっかり加熱されているかどうか、中心温度計を食材に刺してチェックしています。ご家庭できゅうりやキャベツを使うときは、塩もみするなど下ゆでなしの調理でもかまいません。まな板や調理器具を塩素消毒するなど、家庭での食中毒対策にも気をくばりましょう。

本物の調味料を使う

煮物など砂糖を使う料理には、三温糖を使うことでコクとやさしい甘さがでます。みりんや塩など、本物の調味料を使うことで素材本来の旨みを引き立たせることができます。地元で造られたみそやしょうゆなど、伝統的な製法による安心・安全な調味料を意識して揃えてください。

焼き物はおいしそうな焦げ目をつける

こんがり香ばしい焼き色をつけた料理は、たとえ子どもの苦手な青魚であっても食欲をそそるもの。「中まで火が通りさえすればいい」のではなく、おいしそうなビジュアルを意識して料理を仕上げましょう。料理の見栄えはもちろんのこと、食材の特徴がよくわかるように心がけるとよいでしょう。

揚げ物、塩分は控えめに

油を多く使う揚げ物は、子どもに人気でもたくさんは作りません。月の給食回数の1/3以下に抑えるよう決めている給食センターもあります。そのぶん、和風の煮物や伝統料理を口にする頻度を高くしています。また、和食は塩分を使う料理が多くなりがちですが、しっかりだしをとり、野菜のおかずでも魚介や肉などで旨みを足すと塩分を減らすことができます。のりや薬味、香辛料などで風味づけするのもおすすめです。薄味でも満足できる料理をめざしましょう。

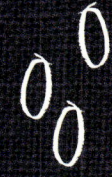

子どもがすくすく育つ
おいしいお米とご飯

南房総市のご飯給食には、南房総市産コシヒカリの白米のほか、発芽玄米、古代米も登場します。ご飯給食の要、おいしいご飯の炊き方と和食の基本であるだし汁のとり方を紹介します。

白米

南房総市の給食は、すべて地元で育てたお米を使っています。例年、4月10日頃から田植えが、お盆明け8月10日頃から早くも収穫が始まり、全国屈指の早さで新米が出回ります。本格的な梅雨の時期でも大雨にならないほど温暖な気候で、ほかの地域よりも冷害や病気などの災害を受けにくいというメリットがあります。千葉県民はもっちりとした食感のご飯を好む傾向にあり、8割がコシヒカリを栽培していますが、千葉ならではの品種も続々と生まれています。

発芽玄米

玄米は白米に比べてビタミンB群やミネラル、食物繊維を多く含みますが、消化が悪いのが弱点。玄米をぬるま湯にひたして少し芽を出した発芽玄米は、玄米のままでは消化吸収しづらい成分や、発芽玄米特有の栄養素が摂取でき、食感も良くなって食べやすくなります。給食では南房総市三芳地区で作っている発芽玄米を主に使用しています。

古代米

黒米や赤米など、色素のあるお米は古代から日本で食べられてきたもの。色の違いによって、含まれる栄養素もさまざま。最近、栄養不足かなと思ったら、いつものお米に少し加えて炊くだけで、自然に栄養価がアップ。各給食センターでは、さまざまな雑穀とミックスするなどオリジナルの配合でブレンドし、給食に提供しています。

ヘルシーご飯のバリエーション

不足しがちな食物繊維やミネラルなど、白米よりも栄養価の高い玄米や雑穀米。
より健康的な献立にするならば、ヘルシーご飯を取り入れてみてはいかが。

発芽玄米入りご飯

材料（作りやすい分量）
白米……3合
発芽玄米……大さじ1〜2

作り方
❶米はといで水気をきり、炊飯器に入れる。
❷発芽玄米は、水で洗わずにそのまま①に加える（※）
❸表示通りの分量の水を注いで普通に炊く。

※商品によっては洗ったほうがよいものもあるので表示をチェックする。

古代米ご飯

材料（作りやすい分量）
白米……3合
古代米ミックス……大さじ1〜2
好みで酒、塩……各少々

作り方

❶米はといで水気をきり、炊飯器に入れる。
❷古代米ミックスは、水で洗わずにそのまま①に加える。（※）
❸表示通りの分量の水を注いで普通に炊く。好みで酒と塩を少量加えると、赤飯のように食べやすくなる。

ご飯のおとも“常備菜”

学校給食で大人気の、ご飯がすすむ“ふりかけ”。噛めば噛むほど旨みが出て、
ご飯の味もぐーんとよくなる特製ふりかけのレシピをご紹介！

かむかむふりかけ

材料（作りやすい分量）
ちりめんじゃこ……25g

A
かつお節……8g
塩昆布……10g
白炒りごま……大さじ1強

B
酢……大さじ1/2
みりん……　大さじ1/2
しょうゆ……小さじ1
三温糖……大さじ1

作り方
❶フライパンを熱して、ちりめんじゃこをから炒りする。
❷Aも加えてさらにから炒りし、かつお節が踊ってきたら、混ぜ合わせたBを加えて手早く混ぜる。
※冷蔵庫で2〜3日保存可能ですが、早めに食べきりましょう。

ご飯の炊き方

ご飯の味は、とぎ方と浸水が鍵をにぎります。丁寧にやさしくといで、
ふっくらおいしいご飯に炊き上げましょう。

1回目は、とがずに水洗いだけ

大きめのボウルに水を溜め、米を一気に加える。流水だと水が溜まるのに時間がかかるため、溜めた水で洗うとよい。

すばやくさっと洗う。もたもたしていると、米がヌカを吸ってヌカ臭くなってしまうので、スピーディに洗う。

できるだけ急いで水を捨てる。

2～3回、米をといで洗う

2回目以降は流水を注ぎ、ざっと洗って水を捨てる。

手際よくリズミカルに米をとぐ。あまりガシガシと強くこすらず、やさしくといで。

流水を注いで洗う→水を捨てる→とぐを2～3回繰り返す。うっすら白濁する程度で、水が透明になるまでとがなくてもOK。

浸水させる

ザルでしっかり水気をきり、炊飯器に入れる。

表示通りの分量の水を注ぎ、30分以上置いて浸水させる。

炊けたらすぐ混ぜる

炊き上がったら、なるべく早くにしゃもじで混ぜる。底から返すように、米をつぶさないように混ぜるとツヤのあるご飯に仕上がる。

だし汁のとり方

和食の基本である、だし汁のとり方をマスターしましょう。
だしの旨みを生かせば、余計な塩分や油分を必要としません。

基本のだし汁（かつおだし）

だしをとる

鍋に水1ℓをはって火にかけ、沸騰したらかつお節20gをざばっと一気に入れる。

入れ終わったら、すぐ火を止める。

かつお節が完全に沈むまで置く。途中、はしなどで触らないこと。

だし汁をこす

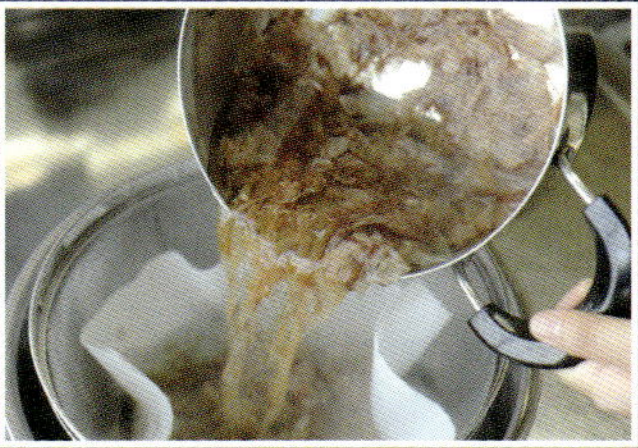

ボウルにザルを置き、ペーパータオルなどを敷いてだし汁をこす。

自然にだし汁が落ちるのを待ち、ペーパータオルを軽くにぎって汁気をきる。苦味が出るのでしぼらないこと。

計量カップで量り、蒸発しすぎていたら水を足して900mlにする。

濃いだし汁（かつお昆布だし）

鍋に水1ℓをはって火にかける。ぷつぷつ小さな泡が出てきたら(80℃ぐらい)、切り込みを入れた昆布5cm角を入れる。

沸騰直前に昆布を引き上げる（そのまま入れておくとねばりが出る）。かつお節30gを一気に入れ、「基本のだし汁（かつおだし）」と同様にだしをとる。

だし汁を使い分ける

汁物などの具材が野菜だけの場合は、かつお節をたっぷり30g使った「濃いだし汁（かつお昆布だし）」を使います。肉だんごやつみれなど、旨みの出る具材の場合は、かつお節20gでとった基本のだし汁でOK。本書で何も書かれていない場合は、「基本のだし汁（かつおだし）」を使ってください。このレシピで、全部で900mlのだし汁がとれます。余った分は、ペットボトルなどの容器に移して冷蔵保存し、2日以内に使いきりましょう。

本書の使い方

南房総市のご飯給食では、ご飯と一汁二菜（汁物、主菜、副菜）のおかず、
季節のフルーツという構成で、野菜がたっぷり食べられる献立を意識しています。
本書では、各メニューに「ご飯」「主菜」「副菜」「汁物」のマークをつけました。
おかずを上手に組み合わせて、一汁二菜の献立をご家庭でも習慣づけてください。

ご飯 主食

熱や力となり、
体を動かすもとになる

基本は白いご飯を組み合わせますが、1カ月に数回は噛みごたえのある古代米や発芽玄米を取り入れましょう。旬の素材を使った炊き込みご飯は、献立に季節感が生まれます。

主菜 主菜

血や肉、骨になり、
体をつくる

子どもの成長期に欠かせない肉や魚、卵や豆腐を。同じ素材が続かないよう、1週間に肉と魚のおかずが3回ずつ、卵か豆腐が1回など、ローテーションを組んでください。

副菜 副菜

体の調子を整える

野菜をたっぷり使った副菜を必ず1品添えましょう。野菜は風邪予防や疲労回復など体を円滑に動かす働きがあります。じゃがいもやさつまいもは、熱や力のもとになります。

汁物 汁物

主菜や副菜の
栄養を補う

野菜がたくさんとれる副菜の日の汁物は、かき玉やつみれ汁などたんぱく源の素材を。副菜が少ない日は野菜たっぷりの汁物にするなど、汁物で栄養バランスを調整しましょう。

牛乳

骨を丈夫にし、
イライラを予防する

主菜の栄養を補う牛乳は、1日1本は飲ませましょう。献立にセットしても、おやつのときでもOKです。

フルーツ

副菜の栄養を補う

加熱によって壊れやすいビタミンCや消化酵素など、生のフルーツに含まれる特有の栄養素が体の調子を整えます。献立に季節感が出せる旬の果物を組み合わせてください。

分量について

南房総市の給食センターでは、幼稚園から中学校まで同じメニューの給食を作っています。本書の分量は大人（中学生以上）4人分です。幼稚園や小学生の場合は、成長に合わせて調整してください。

ご飯について

ご飯の量は成人男性で200g前後、成人女性は150g前後。中学生以上は成人と同じ分量にしてください。幼稚園〜小学生は110g前後。カレーやどんぶりなどは120〜200gが目安です。

計量について

調味料の分量表示は、大さじ1＝15ml、小さじ1＝5ml、お米1合＝180ml。計量カップを使う場合は、200mlで1カップ。お米専用の計量カップとは分量が異なりますので注意してください。

1

地産地消がおいしい!
食材別レシピ

どこよりも早く、食卓で春を感じる

菜花

南房総市の主な生産地
南房総市全域

南房総市の旬の季節
11～4月
（最盛期は12～3月）

春の“苦み”で元気に

あぶら菜の若い穂先やつぼみ、柔らかな茎だけを摘んだ“菜の花”とも呼ばれる菜花。日本の春の風物詩ともいえるほろ苦さや独特の香りが特徴です。山菜や菜花などの春の苦みは、冬に停滞していた体を目覚めさせ、心身を活発化するとも言われています。

全国的にも早く味わえる

千葉県は食用菜花の生産高・全国一を誇ります。なかでも南房総市は、全国的にも早く収穫でき、盛りも、なごりも十分に長い期間で楽しめます。

風邪予防やストレス対策にも

栄養価の高い緑黄色野菜のひとつで、カロテン、ビタミンBのほか、カルシウムなどミネラルも豊富です。特にビタミンCの含有量は、野菜の中でもトップクラス。春先の風邪予防やストレス対策にもおすすめです。
※1束＝約250g（100g=33kcal）

つぼみが開いていないもの、葉がみずみずしいものが良品。

できるだけ新鮮なもの、切り口が乾いていないものを選ぶ。黄色い花が咲くと一気に味が落ちるので、早めに食べきること。

近年は茎が長いタイプも出回っているが、茎も柔らかなので、通常の料理法でも大丈夫。

おすすめの調理法

塩漬け、油炒めなど、菜花単品を調理すると、より素材のよさが感じられます。薄い衣をつけてさっと揚げる天ぷら、パスタにあえてもおいしく、春の訪れを感じながら味わってほしい食材です。

保存方法

冷凍すると独特の香りや食感が悪くなるため、塩漬けにして保存するのがおすすめです。熱湯でゆでた菜花にたっぷり塩をふり、冷蔵保存。調理直前に水で塩を抜いて使ってください。

生産者の声

小谷富美子さん・美紀男さん・学さん（南房総市・白浜地区）

「農薬のかかったものを食べさせたくない。
その思いから、虫予防には工夫しています」

白浜では「つま菜」とも呼ばれる菜花。花のつぼみを“つま”んで収穫することから名づけられたとか。「皮をむかない食材なので、できるだけ農薬を使わないよう、唐辛子やにんにくを使ったEM菌で害虫を予防しています。いろいろな食べ方があるので、親御さんが子どもへ、料理法や味わい方を伝えていってほしいですね」と小谷さん。

子どもでも食べやすくなる、バターの香りとベーコンのコク

菜の花ソテー

副菜

材料（4人分）
菜花……1束
にんじん……1/4本
キャベツの葉……小2枚
ベーコン……1枚
バター……小さじ1
ホールコーン缶……大さじ4
コンソメ（顆粒）……小さじ1
塩、こしょう……各少々

作り方

❶菜花は3cm長さ、にんじんは太めのせん切り、キャベツとベーコンは1cm幅のせん切りにする。
❷菜花とキャベツは熱湯でさっと塩ゆでする。にんじんは水から塩ゆでする。
❸フライパンを熱してバターを溶かし、②とベーコンを炒める。コーンを加えて炒め合わせ、コンソメとこしょうで調味する。

野菜嫌いにも好評! 春の香りを楽しむ技ありソース

菜の花ピューレのマヨ焼き魚

主菜

材料（4人分）
菜花……4本
塩……適量
魚の切り身（ここでにかじきまぐろを使用）……4切れ
A
みそ……大さじ1/2
マヨネーズ……大さじ2
こしょう……少々
砂糖……ひとつまみ

作り方

❶菜花は熱湯でさっと塩ゆでして水気をきる。フードプロセッサーなどでピューレ状になるまで撹拌し、Aと混ぜ合わせる。
❷魚の切り身の片面に①をぬる。
❸天板にアルミホイルを敷いて②を並べる。オーブントースターで約10分、火が通るまで焼く。

からしの量はお好みで増減を。にんじんなどを加えても美味

菜の花のからしあえ

副菜

材料（4人分）
菜花……1束
もやし……3/4袋（150g）
塩……適量
A
しょうゆ……大さじ1
練りがらし……小さじ1/2

作り方

❶菜花は2～3cm長さに切り、熱湯でさっと塩ゆでする。もやしも塩ゆでし、水気をきる。
❷混ぜ合わせたAで、①をあえる。

南房総が誇る太くて柔らかな特産品

ひじき

南房総市の主な生産地
南房総市白浜地区ほか

南房総市の旬の季節
3～5月
（最盛期は3～4月）

栄養素がぎっしり詰まった海藻

昔から「ひじきを食べると長生きする」、「ひじきを食べると毛が黒くなる」と言われ、重宝されてきたほど栄養素が豊富。柔らかな芽の部分を芽ひじき、茎の部分を長ひじきと呼びます。

太陽と潮風で天日干し

南房総ブランドとして人気の高い「房州ひじき」。3月～5月の大潮の干潮時に鎌で刈り取り、新鮮なうちにドラム缶でぐらぐらと1日かけて炊きます。南房総の太陽と潮風で天日干しにしたひじきは、太く、柔らかで磯の風味が強いのが特徴です。

鉄分、ミネラルが豊富

ミネラルや鉄分を多く含み、貧血予防にも効果的。子どもの成長に欠かせないカルシウムや食物繊維も豊富です。
※干しひじき（100g＝139kcal）
※干しひじき大さじ1＝約5g。

おすすめの調理法
サラダや白あえなどのあえ物に加えるのもおすすめ。常備できる食材なので、気軽に料理に取り入れ、磯の香りを楽しんでください。

太くてしっかりしたものは、風味も旨みも強い。

茎の部分にあたる長ひじき。

保存方法
干しひじきは湿気ないよう密閉袋に入れて保存。水でもどしたものは、その日のうちに調理してください。

生産者の声

東安房漁協 白浜支所の皆さん（南房総市・白浜地区）

「刈ったらすぐに炊き上げます。
海の豊かさが感じられる味です」

南房総では天然ひじきがたくさん生えていて、2月の解禁とともにひじき狩りがスタートします。「1m近くまで成長したものを刈ります。旨味を逃がさないよう、とにかく新鮮なうちにじっくりと炊き上げ、天日干しにします。手間はかかりますが、太陽と潮風をたっぷり浴びた南房総の豊穣の海の恵み、ほかでは味わえない磯の香りとふくよかな旨みが楽しめます」

乾物の滋味深い旨みを子どものうちから親しんで

ひじきと切干大根の炒め煮

副菜

材料（4人分）
ひじき、切干大根（乾燥）……各20g
干ししいたけ……2枚
豚切り落とし肉……60g
にんじん……2/3本
さつま揚げ……1枚
さやいんげん……4本
塩……適量
サラダ油……小さじ1
A
- 三温糖……大さじ2
- しょうゆ……大さじ1 1/3
- 酒……小さじ2
- だし汁……100ml

作り方
❶ひじき、切干大根、干ししいたけは、それぞれ水でもどす。ひじきと切干大根は食べやすい長さに、しいたけは薄切りにする。しいたけのもどし汁30mlはAに加える。
❷豚肉はこま切り、にんじんはせん切り、さつま揚げは短冊切りにする。いんげんは熱湯で塩ゆでして斜め切りにする。
❸鍋にサラダ油を熱して豚肉を炒め、にんじん、①を加えて炒め合わせる。A、さつま揚げを加え、混ぜながら炒め煮にする。仕上げにいんげんを散らす。

磯の香りとだしの旨みで、控えめな塩気でも味わい十分

ひじきの和風スープ

汁物

材料（4人分）
ひじき（乾燥）……4g
干ししいたけ……1枚
鶏むね肉（皮なし）……40g
にんじん……1/5本
小松菜……1/4束
玉ねぎ……1/3個
だし汁……600ml
しょうゆ……小さじ1/2
塩……小さじ3/4

作り方
❶ひじき、干ししいたけはそれぞれ水でもどす。ひじきは長ければ3cm長さに切り、しいたけは薄切りにする。
❷鶏肉はこま切りに、にんじんはせん切り、小松菜は3cm長さ、玉ねぎはせん切りにする。
❸鍋にだし汁を煮立たせ、小松菜以外の②、①を加えて煮る。しょうゆ、塩で調味し、小松菜を加えてさっと煮る。

ひじきの煮物が苦手な子でも、ご飯にすると箸がすすむ!

ひじきご飯

主食

材料（4人分）
米……3合（450g）
A
- しょうゆ……大さじ2
- 酒……大さじ1

ひじき（乾燥）……8g
干ししいたけ……2枚
にんじん……1/4本
油揚げ……1/2枚
枝豆（またはさやいんげん）……40g
サラダ油……小さじ2
鶏ひき肉……50g
B
- 砂糖……大さじ1 1/2
- しょうゆ　大さじ1
- だし汁……小さじ1/2

作り方
❶米はとぎ、炊飯器に入れて通常の水加減にする。大さじ3の水を取り除き、Aを加えて炊く。
❷ひじき、干ししいたけはそれぞれ水でもどす。ひじきは3cm長さに切り、しいたけは薄切りにする。しいたけのもどし汁30mlはBに加える。
❸にんじんは太めのせん切り、油揚げは熱湯をかけて油抜きをし、太めのせん切りにする。枝豆はゆでてさやをむく。
❹フライパンにサラダ油を熱し、ひき肉を炒める。ポロポロになったらにんじん、油揚げ、②を加え、2〜3分炒める。Bを加え、汁気がなくなるまで煮る。
❺①に④、枝豆を加えて混ぜる。

全国的にも珍しい、葉っぱのような形のわかめ

大葉わかめ

南房総市の主な生産地
南房総市富浦地区ほか

南房総市の旬の季節
養殖　1～2月
天然　3～4月

豊かな海で養殖に成功

通常の細長く育つわかめとは異なり、1枚の大きな葉っぱのような形に育つわかめ。肉厚かつ独特の香りが特徴で、天然ものが収穫される場所は日本でも3ヶ所しか知られていません。その希少な大葉わかめが自生する富浦では、生育に適した豊かな海で養殖が行われています。地元の富浦中学校では、大葉わかめの種つけ体験を実施するなど、食農学習に取り組んでいます。

生活習慣病の予防にも役立つ

食物繊維やミネラルが豊富な通常のわかめの栄養に加え、抗酸化作用や抗がん作用が期待できるフコイダン、生活習慣病を予防するアルギン酸を含んでいます。
※100g=16kcal

おすすめの調理法

火を入れると一瞬で鮮やかな緑になります。通常のわかめと同様の食べ方でよく、さっとゆでて“大葉わかめのしゃぶしゃぶ”にしても、ゆでて水で冷まして生姜醤油で食べても美味。みそ汁、酢の物も風味がよくて◎。

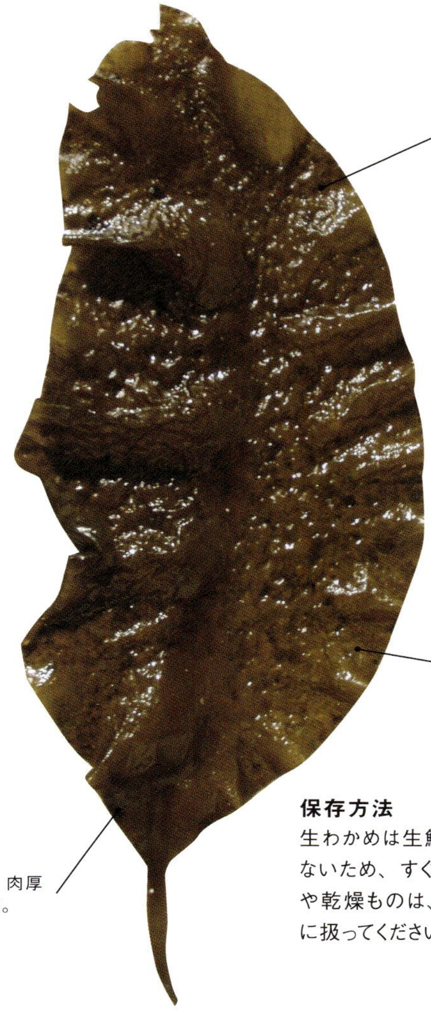
肉厚で食べごたえがあり、独特の風味が感じられる。
細長く育たず、大きな葉のような形になる。全長は平均約70～80cm（養殖）。
香りが良く、肉厚なものを選ぶ。

保存方法

生わかめは生鮮食品と同じく日持ちしないため、すぐに食べきること。塩蔵や乾燥ものは、通常のわかめと同様に扱ってください。

生産者の声

富浦町漁業協同組合員　高山正治さん（南房総市・富浦地区）

「日本で3ヶ所しか収穫されていない大葉わかめ。ぜひ旬の時期に、ご家族で食べに来てください」

千葉県で唯一、養殖を手掛ける富浦漁港では、例年12月頃に大葉わかめの種つけを開始。海に放ち、1月中旬から2月下旬にかけて収穫されます。この短い期間のみ出荷される生の大葉わかめは、富浦漁港の直売所やイベント会場で販売。「期間中は行列ができるほどの人気ですよ。3～4月は、砂干しした天然ものが登場し、養殖の出荷はストップ。天然ものは、養殖よりもより強い独特の風味が楽しめます」

富浦中の生徒が考案したレシピ。みそマヨソースでご飯がすすむ味に!

大葉わかめと鮭のホイル焼き

主菜

材料（4人分）

大葉わかめ（生）……15g
えのきだけ
　……1/2袋（50g）
長ねぎ……5cm
鮭の切り身……4切れ
A
　みそ……小さじ1
　マヨネーズ
　　……大さじ4

作り方

❶わかめはざく切りにする。えのきは石づきを切り落として長さを半分に切る。長ねぎは斜め薄切りにする。

❷アルミホイルに鮭1切れをのせ、①の1/4量をえのき、わかめ、ねぎの順にのせる。混ぜ合わせたAをかけ、ホイルで包む。これを4個作る。

❸オーブントースターで約15分、鮭に火が通るまで焼く。

ゆでると鮮やかな緑色に変身! 旬の生わかめの風味を堪能して

大葉わかめサラダ

副菜

材料（4人分）

大葉わかめ（生）……60g
にんじん……1/4本
キャベツの葉……2枚
きゅうり……1本
コーン（ホール）缶……大さじ5
A
　和風ドレッシング
　　（市販品）……適量
　塩、こしょう……各少々

作り方

❶わかめはざく切りにする。熱湯でさっとゆでて水にとり、水気をきる。

❷にんじんとキャベツはせん切り、きゅうりは輪切りにする。にんじんは熱湯で下ゆでする。

❸コーン、①、②を合わせ、Aであえる。

サラダに煮物に、さまざまな料理で活躍

じゃがいも

南房総市の主な生産地
南房総市全域

南房総市の旬の季節
5～9月
（最盛期は5～8月）

品種いろいろ、味もさまざま

丸形の“男爵”、楕円形の“メークイン”が日本の代表品種ですが、近年は新しい品種が次々と登場しています。明るい黄色の“キタアカリ”、皮も果肉も赤い“キタムラサキ”、栗のように甘い“インカの目覚め”など、それぞれに個性があるので、食べ比べてみてください。

年2回、初夏と晩秋に収穫

温暖な気候の恩恵により、南房総では年に2回の収穫を迎えます。南房総では“男爵”よりもホクホクとしていて、さつまいもに似た良い香りのする“キタアカリ”を栽培している農家が多い傾向にあります。

熱に強いビタミンCを含有

主要成分のでんぷんに含まれるビタミンCは熱にも強く、加熱調理しても壊れにくい特徴があります。むくみを予防するカリウムも含みます。
※1個＝約150g（100g=76kcal）

はりがあり、傷やシワ、
斑のないものを選ぶ。
持ったときにずっしり
と重いものが実が詰
まっていておいしい。

おすすめの調理法

掘りたてのじゃがいもをシンプルにふかしてバターや塩をかけるだけでもおいしく、素材の味そのものが楽しめます。

保存方法

光にあてると芽が出てしまうため、新聞紙などで包んで冷暗所で保存します。

生産者の声

山口 勇・範子さん（南房総市・三芳地区）

「じゃがいもは品種が豊富にあるので、
それぞれの味の違いを楽しんでほしい」

温暖な気候を生かし、二期作を行っている山口さん。春先は浅く植えつけ、夏から秋は早朝に深く植えつけるなど、季節によって栽培方法を変えて工夫しています。「じゃがいもの品種ごとに味わいが異なるので、作る料理によって品種を選ぶといいですよ。例えばポテトサラダにはホクホクする“キタアカリ”、コロッケにはねっとりとした食感の“メークイン”などを選んで。じゃがいもの多彩な魅力を味わってください」

しっとり味を煮含めた、味わい深い洋風煮物

じゃがいものカレースープ煮

副菜

材料（4人分）

じゃがいも……3個
にんじん……1/3本
ズッキーニ……1/4本
玉ねぎ……大1個
ベーコン……4枚
コンソメ（顆粒）
……小さじ2
カレー粉……小さじ1
塩……小さじ1/4
こしょう……少々

作り方

❶じゃがいもはひと口大に、にんじんとズッキーニは1cm厚さのいちょう切り、玉ねぎは8等分に切り、ベーコンは1cm幅に切る。
❷鍋に①、コンソメ、カレー粉を合わせ、水をひたひたまで（約200ml）注いで強火にかける。煮立ったら中火にし、ふたをして約10分、じゃがいもが柔らかくなるまで煮る。
❸塩、こしょうで味をととのえる。

肉やだしの旨みが折り重なる、しみじみおいしい和の煮物

じゃがいものそぼろ煮

副菜

材料（4人分）

干ししいたけ……2枚
さやいんげん……4本
じゃがいも……4個
にんじん……1本
玉ねぎ……1個
しらたき……80g
鶏ひき肉……80g
サラダ油……小さじ1
A
三温糖……大さじ3
しょうゆ
……大さじ2 1/3
酒……小さじ2
だし汁……適量
塩……適量

作り方

❶干ししいたけは水でもどして半分に切り、もどし汁30mlはAに加える。いんげんは熱湯で塩ゆでし、斜め切りにする。
❷じゃがいもは大きめの乱切り、にんじんは小さめの乱切り、玉ねぎはせん切り、しらたきは湯通ししてざく切りにする。
❸鍋にサラダ油を熱し、ひき肉をポロポロになるまで炒める。もどしたしいたけ、②を加えて炒め合わせる。
❹Aを加え、だし汁をひたひたになるまで注ぐ。ふたをして約15分、野菜に火が通るまで煮る。煮上がり直前にいんげんを加えて温める。

栄養たっぷり! ねばねば成分が体に効く

おくら

南房総市の主な生産地
南房総市全域

南房総市の旬の季節
7～9月

切り口がなるべく黒ずんでいないものを選ぶ。
実がはっていて、柔らかくないものが新鮮な状態。

和食に好適、アフリカ生まれの野菜

アフリカ大陸原産の野菜で、日本に伝わったのは近年。日本での歴史は古くはありませんが和食との相性は抜群です。納豆やメカブなど、ねばねば食材を好む日本人にぴったりな味かもしれません。葉ものの少なくなる夏場の栄養補給に役立ててください。

日射量の高さが元気な野菜を作る

南房総市は厳冬期での野菜の栽培が盛んなほど温暖で、日射量も高い地域。太陽をたっぷり浴びて育ったおくらは、大きく、太く育ちます。

特有のねばねば成分で元気をチャージ

独特のねばねば成分には、血中コレステロールを減らすペクチンや、消化促進・整腸作用のあるムチンを含有。ビタミンやミネラルも豊富に含みます。
※1本＝約8g（100g＝30kcal）

おすすめの調理法
ねばねば食材同士と相性がいいので、ゆでて刻んで、納豆や山いも、メカブなどと一緒に混ぜても◎。ポン酢であえてご飯やそうめんにのせても美味。

保存方法
購入し、帰宅したらすぐに湯通し（熱湯をかける）をして冷蔵しましょう。すぐ料理に使え、鮮度の良いままキープできます。

YANMAR

生産者の声
ワタミファーム白浜農場 **西岡亨祐**さん（南房総市・白浜地区）

「食べ物の生命力を大切に考えて育てています。
命あるものをいただくありがたみを感じてほしい」

夏はおくらやなす、冬は大根など、さまざまな野菜を育てている西岡さん。「堆肥や緑肥を使い、環境と人間にやさしい土作りを行っています。作物が本来持っている生命力を大切に、農薬や化学肥料は一切使わずに栽培しています。食べる側としては、生命をいただいていることを意識しながら食材を大事に扱い、食べ物のありがたさを感じながら食べてほしいと思っています」

富浦中の生徒が考案！ ダブルねばねば素材でスタミナチャージ！

おくらのピリとろナムル

副菜

材料（4人分）

おくら……50g（約8本）
長いも……100g
わかめ（生）……50g
塩……少々

A
- 薄口しょうゆ……大さじ1/2
- 豆板醤……少々
- ごま油……小さじ2
- 白炒りごま……大さじ1強

作り方

❶おくらは熱湯でさっと下ゆでし、5mm幅の小口切りにする。長いもは5mm角のさいの目切り、わかめはざく切りにする。

❷Aを混ぜ合わせて①をあえ、塩で味をととのえる。

おくらを星に、そうめんを天の川に見立てた夏向きのスープ

おくらの七夕汁

副菜

材料（4人分）

干ししいたけ……2枚
おくら……8～10本
にんじん……1/4本
そうめん……35g
だし汁……280ml
しょうゆ……小さじ1/2

A
- 鶏ひき肉……150g
- 塩、酒……各少々
- 片栗粉……小1
- 白すりごま……小1
- しょうがのすりおろし……少々
- 長ねぎのみじん切り……1/2本分

作り方

❶干ししいたけは水でもどして薄切りにし、もどし汁は水を足して200mlにする。

❷おくらは輪切り、にんじんはせん切りにする。そうめんは半分に折って下ゆでする。

❸ボウルにAを合わせ、ねばりが出るまでよく混ぜる。12個のだんごに丸める。

❹鍋にだし汁としいたけのもどし汁を入れて火にかける。沸騰したら③を落とし入れ、おくらとにんじんを加える。肉に火が通ったらそうめんを加えて温め、しょうゆで調味する。

みずみずしい朝もぎが、一番おいしい

きゅうり

南房総市の主な生産地
南房総市全域

南房総市の旬の季節
5～9月
（ハウス栽培は1年中）

イボのない品種のきゅうりは、エグミが少なく、洗いやすい。
ピンとはりがあり、切り口がみずみずしく、黒ずんでいないものがよい。
まっすぐでも、曲がったきゅうりでも味は一緒。

ピンとはりのある朝もぎを

ほとんどの成分が水分なため、収穫するタイミングで食味が大きく異なります。一番のおすすめは、朝もぎのきゅうり。水分をたっぷり含み、ピンとはりのあるきゅうりが楽しめます。反対に夕もぎのものは、しなったものが多くなります。

南房総の砂地で育てる

水はけのよい砂地で栽培すると、シャリシャリと軽快な食感に育ちます。特に有機肥料やバイオ栽培などを採用したものは、シャリっとしながらも柔らかな食べ心地。爽やかな香りが楽しめます。

利尿作用がある

成分の90%以上が水分ですが、利尿作用のあるカリウムを含むため、むくみやだるさの解消に役立ちます。
※1本＝約100g（100g=14kcal）

おすすめの調理法
サラダやあえ物だけでなく、軽く炒めて塩昆布で味つけしてもおいしい。熱湯にさっとくぐらせてすぐ冷水に放すと、アクが抜け、色鮮やかになります。

保存方法
収穫から時間が経つほど水分が蒸発してしなびてしまうため、できるだけ早く食べきりましょう。基本は、乾燥しないようにポリ袋などに入れて冷蔵庫で保存。ただし、冷やしすぎはNG。

生産者の声

小沢征一さん（南房総市・丸山地区）

「うちはすべて、朝に収穫したきゅうりを出荷。
学校給食にも、もぎたてを届けています」

農家の2代目として、50年以上きゅうりを育てる小澤さん。オリジナルの肥料を配合した土で育てた朝もぎのきゅうりを道の駅にも出荷していますが、行列ができることもしばしば。「学校給食ではイボがあると洗いにくいという声があったので、給食のためにイボなしの品種を栽培するようになりました。エグミが少なく、みずみずしさが際立って、クセのある野菜が苦手な子どもにも好評なようです」

ごまの甘みと香りで野菜がぐんと食べやすくなる

きゅうりといかのごま酢あえ

副菜

材料（4人分）

きゅうり……1 1/2本
塩……少々
いか……70g
もやし……1/2袋（100g）

A
砂糖……大さじ1/2
しょうゆ……小さじ1/2
酢……大さじ1/2
ごま油……小さじ2
白すりごま……大さじ2

作り方

❶きゅうりは薄めの輪切りにし、塩をふってもむ。
❷いかは表面に格子の切り目を入れて短冊切りにし、もやしとともに熱湯でさっとゆでる。
❸水気をきった①と②を、混ぜ合わせたAであえる。

南蛮漬けをアレンジしたシャキっとサラダ風

きゅうりのバンバン漬け

副菜

材料（4人分）

きゅうり……1本
キャベツ……3枚
にんじん…… 1/4本
菜の花……4本
塩……適量

A
酢……小さじ2
しょうゆ……大さじ1
三温糖
……大さじ1 1/2
ごま油……小さじ1

作り方

❶きゅうりは2～3mm厚さの輪切り、キャベツはざく切り、にんじんはせん切りにする。すべてに塩小さじ1/2をふってもみ、水気をしぼる。
❷菜の花は2～3cm長さに切り、熱湯でさっと塩ゆでする。冷水で冷やして水気をきる。
❸混ぜ合わせたAで①、②をあえる。

豊富な栄養素を含む低カロリー野菜

さやいんげん

南房総市の主な生産地
南房総市富山地区ほか

南房総市の旬の季節
3～8月、10～11月
（最盛期は4～6月）

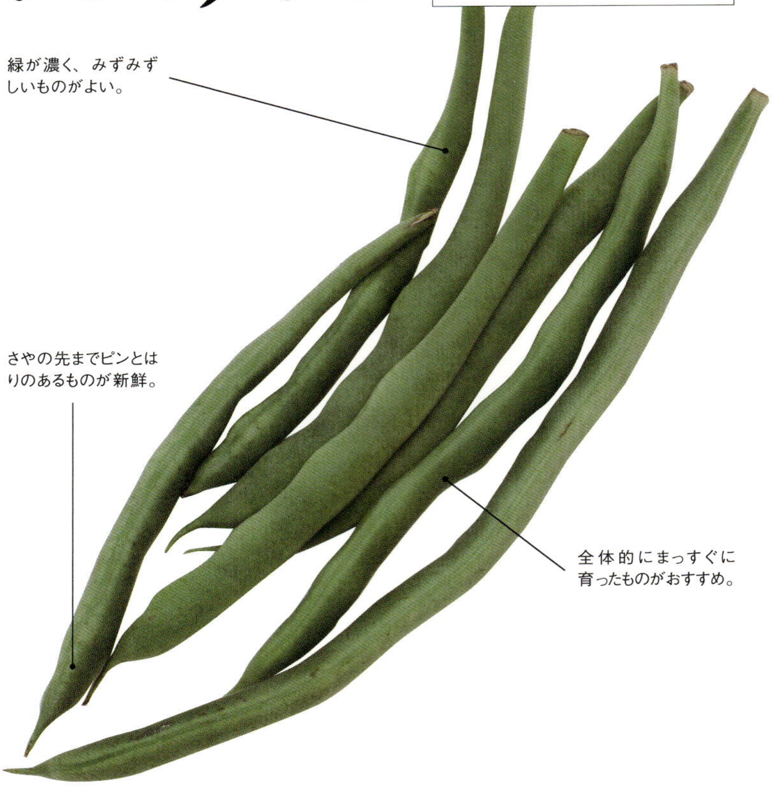
緑が濃く、みずみずしいものがよい。
さやの先までピンとはりのあるものが新鮮。
全体的にまっすぐに育ったものがおすすめ。

成長が早く、年に3回収穫できる

花が咲いた後にできるさやを若いうちに収穫したものがさやいんげん。成長が早く、年に3回収穫できることから“三度豆”と呼ぶ地域もあります。家庭栽培にも向くので、観察し、収穫して食べるのもおすすめです。

本州で最も早い出荷

南房総のさやいんげんは、みずみずしく、甘みがあって柔らかいのが特徴です。温暖な気候のため、さやいんげんの種植えのシーズンが早く、本州で最も早い時期に出荷されます。最近では、いんげんの品種改良が進み、筋取りをしなくてもいい品種も登場しました。

タンパク質もビタミンも含有

ビタミン、カロテンが豊富な緑黄色野菜で、疲労回復や肌の健康を保つアスパラギン酸やリジンが含まれています。良質なたんぱく質も含有する栄養価の高い野菜です。
※1さや＝約10g（100g＝23kcal）

おすすめの調理法
塩ゆでして、しょうがじょうゆで食べるのもおいしく、煮物や天ぷらにしても美味。油で炒めれば、含まれるカロテンを効率よく摂ることができます。

保存方法
乾燥しやすいので、ぬれた新聞紙で包むか、ポリ袋などに入れて冷蔵庫で保存します。低温に弱いので早めに食べきって。長期保存する場合は、さっと塩ゆでして水分をふき、冷凍保存。

生産者の声

マルヒラインゲン組合の皆さん（南房総市・富山地区）

「堆肥などによる土作りで、環境にやさしく、
おいしいいんげんを作る工夫をこらしています」

堆肥などの利用によるナチュラルな土作りを進めるマルヒラインゲン組合の皆さん。組合では良質ないんげんがたくさん収穫できるよう、耕地を有効に活用し、複数の農家が一丸となって栽培計画を立てて成功しています。小学校の社会科学習のひとつとして、さやいんげんの栽培見学・体験も行われています。給食センターにも「日本一おいしいいんげんをいっぱい食べてほしい」と自信を持って皆さんが届けています。

みんなが好きなツナを合わせ、ほんのり甘く仕上げて

いんげんのごまツナあえ

副菜

材料（4人分）

さやいんげん……10本
キャベツの葉……2枚
塩……適量
ツナ（フレーク）缶……40g

A
- 三温糖……大さじ1
- しょうゆ……大さじ1
- 白すりごま……大さじ1

作り方

❶いんげんは3～4cm長さに、キャベツはざく切りにする。
❷①は熱湯でさっと塩ゆでする。
❸缶汁をきったツナ、②を合わせ、混ぜ合わせたAであえる。

3種の豆類をミックスした、タンパク質たっぷりサラダ

いんげんのまめまめサラダ

副菜

材料（4人分）

さやいんげん……9本
キャベツの葉……2枚
にんじん……1/4本
枝豆（さやから出したもの）……大さじ3
塩……適量
コーン（ホール）缶……大さじ6
レッドキドニービーンズ（水煮）……大さじ2

A
- サウザンドレッシング（市販品）……大さじ4
- 塩、こしょう……各適量

作り方

❶いんげんは2cm長さに、キャベツとにんじんはせん切りにする。
❷いんげん、枝豆は熱湯でさっと塩ゆでする。にんじん、キャベツは塩をふってもみ、水気をしぼる。
❸コーン、レッドキドニービーンズ、②を合わせ、Aであえる。

栄養価が抜群に高い、緑黄色野菜

かぼちゃ

南房総市の主な生産地
南房総市全域

南房総市の旬の季節
6～10月
（最盛期は6～9月）

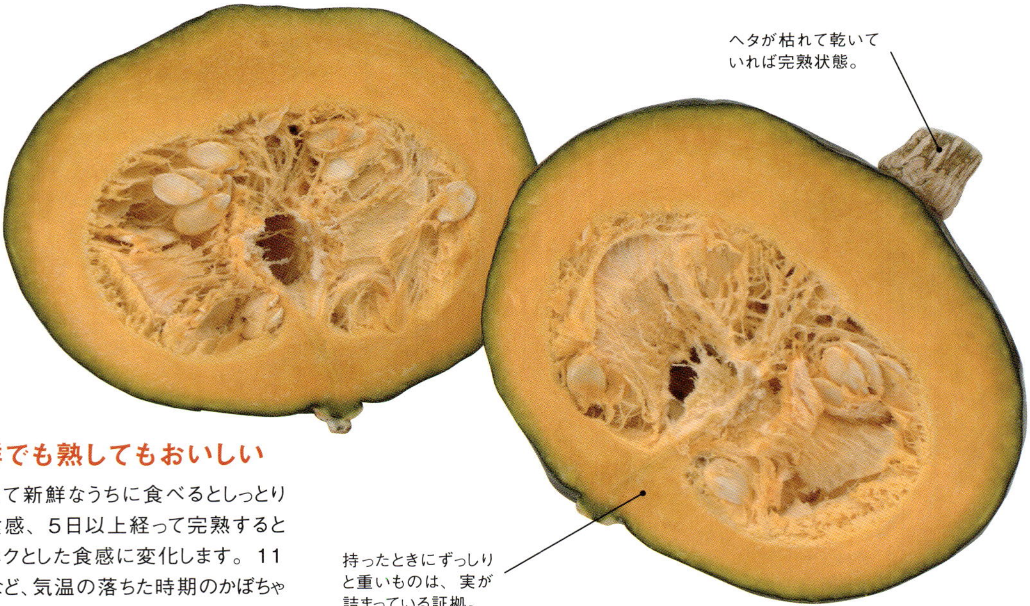
ヘタが枯れて乾いていれば完熟状態。
持ったときにずっしりと重いものは、実が詰まっている証拠。

新鮮でも熟してもおいしい

もぎたて新鮮なうちに食べるとしっとりした食感、5日以上経って完熟するとホクホクとした食感に変化します。11月頃など、気温の落ちた時期のかぼちゃは水っぽくなりがちです。

かぼちゃは大きいものほどいい

かぼちゃの1個平均は約1kgですが、南房総では2.5～3kgと大きく育ちます。かぼちゃはある程度大きいほうが味は濃くなります。大きく育てるには、剪定や肥料の工夫など手間がかかりますが、小さなかぼちゃにはない凝縮された甘さや旨みが生まれます。

野菜の中でもトップクラスの栄養価

カロテン、ビタミンE、CやB群など、豊富な栄養素を含み、その含有量は緑黄色野菜の中でもトップクラス。熱に強いビタミンCを含みます。
※1個＝約1kg（100g＝91kcal）

おすすめの調理法

定番の煮物や天ぷらだけでなく、カレーやシチュー、サラダなどに入れてもおいしく、食べごたえが出ます。

保存方法

冷蔵庫の野菜室に丸のまま入れ、約3ヶ月は保存可能。切った場合は、種を取って冷蔵保存しましょう。

生産者の声

加瀬輝夫さん（南房総市・丸山地区）

「夏の太陽をさんさんと浴びて育った
色の濃い野菜を積極的に食べてほしい」

栗のような形をしている九重栗《くじゅうくり》かぼちゃを栽培している加瀬さん。「ヘタと反対側の底部分がとがっていて、栗のような形をしたかぼちゃです。皮が薄くて甘みがあり、味の良さから非常に人気があります。農薬を一切使わずに育てていますので、皮も一緒に安全に食べられますよ。色の濃い野菜は栄養価もバツグン、ぜひ子どもたちに食べさせてあげてください」

香ばしいアーモンドで、栄養と食感のアクセントをプラス

かぼちゃのアーモンドサラダ

副菜

材料（4人分）

- かぼちゃ……約1/8個
- キャベツの葉……1枚
- きゅうり……1本
- アーモンドスライス……15g
- A
  - マヨネーズ……大さじ3強
  - 塩……小さじ1/4
  - こしょう……少々

作り方

❶かぼちゃは皮つきのまま2cm角に切り、ラップに包んで電子レンジ（500W）で2～3分加熱する。

❷キャベツはざく切りにして、熱湯でさっと下ゆでする。きゅうりは1cm厚さのいちょう切りにする。

❸①、②をAであえ、器に盛ってアーモンドを散らす。

冬至に食べると風邪をひかない、甘辛い冬の伝統料理

かぼちゃのあずき煮

副菜

材料（4人分）

- かぼちゃ……1/8個
- あずき（水煮）……50g
- A
  - 塩……少々
  - 薄口しょうゆ……小さじ2
  - みりん……小さじ2
  - 三温糖……大さじ2
  - 水……100ml

作り方

❶かぼちゃは皮つきのまま大きめのひと口大（約5×3cm）に切り、面取りする。

❷鍋にA、①を合わせ、落としぶたをする。約15分、かぼちゃが柔らかくなるまで煮る。

❸器に②を盛り、あずきをのせる。

※学校給食では、乾燥したあずきを弱火でゆっくりゆで、数回ゆでこぼしながら煮ます。

夏の人気食材は、皮に特有の栄養あり

なす

南房総市の主な生産地
南房総市全域

南房総市の旬の季節
5～11月
（最盛期は7～10月）

切り口が乾いてなく、ヘタにつくトゲが、痛いほどとがっているのが新鮮な証拠。
皮にシワがなく、パンとはっているものが良い。
光にあたった部分が黒光りするほど、色つやの良いものが新鮮。

地域によって形もさまざま

一般的ななすは千成《せんなり》という長細い卵形のもの。さまざまな料理に向き、南房総でも千成タイプが多く栽培されています。そのほか、皮の柔らかな丸なす、極小の小なす、大きな長なすなど、各地で特色あるなすが栽培されています。

素直に育ったなすが一番

なるべくまっすぐに育ったものを選びましょう。曲がっているなすは、実が育つ過程でなんらかのストレスを受けている可能性があります。ぷりっと大きく育ったものが良品です。枝の選定など手をかけたなすは大きな実に育ちます。

なすの皮の色に栄養あり

90%が水分で、栄養素が含まれているのは実ではなく皮の部分。ナスニンというポリフェノールの一種を含む色素成分で、血液をサラサラにしたり、活性酸素を除去する働きが期待できます。
※1本＝約70g（100g＝22kcal）

おすすめの調理法
旬が同時期のピーマンと相性がよく、ひき肉と炒めてみそで調味する鍋しぎにしても美味。素揚げにしてポン酢や青じそのせん切りと合わせれば、子どもおいしく、ビールにも合う一品に。

保存方法
なすは水分がほとんどなので乾燥させるのは厳禁。ラップなどに包んで冷蔵庫の野菜室に保存します。ただし、冷やしすぎると縮むので、なるべく早く食べきりましょう。

生産者の声

関 二三夫さん（南房総市・千倉地区）

「有機栽培のなすは、口あたりが抜群にいい。色つやよく、まっすぐ素直ななすに育てています」

夏はなす、冬は大根を作って給食センターに提供している関さん。「なすは育てるときにとても水分を必要としますが、畑の下に清流が流れているので、たっぷりお水を与えることができます」。育てているのは、姿よく、味もいい“畜陽《ちくよう》”という品種。「有機肥料を自分で調合して長期間たっぷり与えています。有機栽培のなすは色つやがよく、にぎるとフワッとした手ごたえがあり、食べたときの口あたりがなんともいいですね」

少し濃いめの味つけで、白いご飯がグイグイすすむ!

南房総鉄火みそ

副菜

材料（4人分）

豚ひき肉……100g
なす……大1本
玉ねぎ……1/2個
ピーマン……1個
大豆（水煮）……40g
ごま油……少々
水溶き片栗粉（片栗粉
　小さじ1、水小さじ2）

A
三温糖
　……大さじ1 1/2
薄口しょうゆ
　……大さじ1/2
白みそ……大さじ2

揚げ油……適量

作り方

❶なす、玉ねぎ、ピーマンは1cm角に切る。180℃に熱した揚げ油で素揚げする（色を気にしなければ、素揚げせずに炒めるだけでもOK）。

❷フライパンにごま油を熱し、ひき肉をポロポロになるまで炒める。①も加えて炒め合わせ、大豆も水気をきって加える。

❸Aで調味し、水溶き片栗粉を回しかけてざっと炒める。

野菜をたっぷり加えて、揚げ物もヘルシーに!

なすと鶏肉の甘酢あんかけ

主菜

材料（4人分）

鶏むね肉（皮なし）……240g

A
塩……小さじ1/5
酒……小さじ1 1/2
しょうがのすりおろし
　……小さじ1/2

片栗粉、揚げ油……各適量
なす……2本
にんじん……1本
玉ねぎ、ピーマン……各2個
サラダ油……大さじ1

B
トマトケチャップ……100ml
しょうゆ……大さじ2
酢……大さじ1
三温糖……大さじ1
鶏ガラスープの素（顆粒）
　……大さじ1/2
水……100ml

水溶き片栗粉（片栗粉
　大さじ1、水大さじ1）
ごま油……小さじ1/2

作り方

❶鶏肉は大きめのひと口大に切り、Aで下味をつけて片栗粉をまぶす。なすは大きめの乱切りにする。180℃に熱した揚げ油で鶏肉をカラリと揚げ、なすはさっと素揚げする。

❷にんじんは乱切りにして水から下ゆでする。玉ねぎとピーマンは2cm角に切る。

❸フライパンにサラダ油を熱して、玉ねぎ、ピーマンを炒める。にんじんを加え、Bで調味する。①を加えてさっと混ぜ、水溶き片栗粉を回しかけてとろみをつけ、ごま油をたらす。

江戸時代から人気の、災害に強い作物

さつまいも

南房総市の主な生産地
南房総市全域

南房総市の旬の季節
8～11月

大きすぎるものは、あまりおいしくない。
はりがあり、皮の色がピンク色っぽいものが甘い。

甘みが強く、種類も豊富

台風や干ばつにも強い作物で、全国各地で栽培されています。江戸時代から盛んに品種改良され、たくさんの品種が味わえるように。熱を入れるとでんぷんが糖質に変わって甘みがぐんと増すため、おやつにもおかずにも大活躍。

自分で育てて食べる貴重な経験

南房総市の小学校では学習の一環として、春先にいもの苗を植え、秋に収穫します。大事に育てたさつまいもは、給食にも使われます。自ら育てて食べる、貴重な食農教育となっています。

食物繊維が豊富でおなかの掃除に◎

主成分はでんぷん。甘みは強いがカロリーはご飯よりも少なく、食物繊維やビタミンが豊富。皮にも栄養があるので、むかずに調理するのがおすすめ。
※1本＝約200g（100g＝132kcal）

おすすめの調理法

素材の味を知るなら焼きいもや大学いもが一番。細切りにしてツルと一緒にきんぴらにしてもおいしい。いも掘りに行ったときは、ぜひツルも持ち帰って。

保存方法

光のあたらない涼しい場所で保存。土をつけたまま保存するのがベター。

生産者の声

小藤俊夫さん（南房総市・富山地区）

「有機肥料を使い、2種類の植え方でおいしいおいもを栽培しています」

牛ふんや落ち葉などの有機肥料を使った土作りをしている小藤さん。「苗（葉のついた茎）を植えると、葉の付け根から根がのび、根が肥大化したものがいもになります。栽培シーズンの最初の5月は、苗を立てて植える“縦植”で、数は少ないけれど早く大きく育ちます。6月からは苗を横に寝かせて植え、たくさん収穫できる“横植”にチェンジします」

カリカリの揚げ大豆と、ほくほくのおいもの相性が抜群！

さつまいもと大豆のごまがらめ

副菜

材料（4人分）

大豆（乾燥）……40g
さつまいも……1本
片栗粉……適量
揚げ油……適量
黒炒りごま……小さじ1

A
- しょうゆ……小さじ1
- 三温糖……小さじ2
- みりん……小さじ2
- 水……大さじ1 1/2

作り方

❶大豆はたっぷりの水にひたし、半日置いてもどす。
❷さつまいもは皮つきのまま1cm厚さのいちょう切りにする。
❸180℃に熱した揚げ油で②を素揚げする。①は片栗粉をまぶしてカリッと揚げる（さつまいもも大豆も油の中で浮いてくるまで揚げる）。
❹鍋にAを合わせて火にかけ、調味料が溶けてふつふつと沸いてきたら火を止める。③、ごまを加えてさっと混ぜる。

ほんのり甘くてしょっぱい、秋を感じる旬の炊きこみご飯

さつまいもご飯

主食

材料（4人分）

さつまいも
……大1/2本（120g）
米……300g
黒炒りごま……適量

A
- 水……350ml
- 酒……大さじ1
- 塩……小さじ1/2

作り方

❶さつまいもは皮つきのまま1cm角に切り、水にさらす。米はといで水気をきる。
❷炊飯器に①、Aを合わせて炊く。
❸炊き上がったらしゃもじで混ぜ、器に盛ってごまをふる。

夏と冬で異なる味が楽しめる

大根

南房総市の主な生産地
南房総市全域

南房総市の旬の季節
10～6月、8月
（最盛期11～2月）

季節と部位で味が変化

夏は辛くてさっぱり、冬は甘くなる大根。部位によっても味が異なり、先端は辛く、葉の近くは甘くなります。先端のとがった部分は大人向けの薬味に、先端近くは炒め物、中央は煮物、葉の近くは大根おろしにするなど、料理で使い分けましょう。

葉もおいしく栄養抜群

大根は根の部分だけではなく、葉もおいしく、葉だけを柔らかく育てた葉大根という野菜もあります。かいわれ大根は種から双葉が出たばかりの大根の赤ちゃん。家でも手軽に栽培できます。

消化酵素たっぷりで胃に良い

ほとんどが水分ですが、消化を助けるジアスターゼやストレス対策に良いビタミンCが豊富。葉は緑黄色野菜の一種なので、捨てずに食べてください。
※1本＝約800g（100g＝25kcal）

おすすめの調理法

生、煮物、汁物など、いろいろな調理に使え、全国各地で大根を使った郷土料理が受け継がれています。切干大根は旨みと栄養素がぐっと増し、噛みごたえもUP。積極的に食べましょう。

新鮮なものが良いので、なるべく近くで生産されたものを選ぶ。
色が良く、はりがあって、持ったときにずっしり重いものがよい。

保存方法

葉から水分が蒸発するため、買ってすぐに葉を切り落としましょう。切り口をラップで包んで冷蔵保存してください。

生産者の声

池田恭子さん（南房総市・富山地区）

「粘土質の畑で、見た目は悪くとも
味の良い大根を作っています」

農薬散布の回数を極力減らすなど、すこやかな大根作りの工夫をしている池田さん。「この地域の土は粘土質なため、大根がまっすぐ伸びないなど、見た目が少々悪くなりがちですが、柔らかくて甘みがあると好評です。粘土質の土が野菜を甘くおいしく成長させるようです。野菜は鮮度が命、皆さんの住んでいる地元で生産された野菜を選び、新鮮なうちに食べてください」

淡白な野菜サラダには、旨みの出るツナをプラス

大根サラダ

副菜

材料（４人分）
大根……約1/3本（300g）
にんじん……1/4本
きゅうり……１本
塩……適量
ツナ（フレーク）缶……60g
A　マヨネーズ……大さじ５
　　塩、こしょう……各少々

作り方
❶大根、にんじん、きゅうりは同じ太さのせん切りにする。
❷大根とにんじんは塩小さじ1/2をふってもみ、水気をしぼる。
❸缶汁をきったツナ、②、きゅうりをＡであえる。

食欲のない夏でもさっぱり食べられ、冬に飲めば体がポカポカ温まる

淡雪汁

汁物

材料（４人分）
大根……1/4本（200g）
葉大根……40g
長ねぎ……１本
えのきだけ……約1/2袋（40g）
豚ひき肉……60g
サラダ油……小さじ1
だし汁……480ml
塩……少々
しょうゆ……大さじ２

作り方
❶大根の半量は厚めのいちょう切り、残りの半量はすりおろす。葉大根は3cm長さに、長ねぎは斜め薄切り、えのきは石づきを切り落として長さを半分に切る。
❷鍋にサラダ油を熱してひき肉をポロポロになるまで炒め、だし汁を注ぐ。いちょう切りにした大根とえのきを加え、大根に火が通ったら長ねぎと葉大根も加える。
❸塩としょうゆで調味し、大根おろしを入れて温める。

少し薄味にするぐらいが、素材の味が引き立って美味

大根と鶏肉のみそ煮

副菜

材料（４人分）
干ししいたけ……２枚
鶏もも肉……50g
板こんにゃく……70g
厚揚げ……1/2枚
大根……1/8本（100g）
にんじん……1/3本
ごぼう……1/2本
さやいんげん……５本
サラダ油……小さじ１
A　三温糖、酒、みりん……各小さじ1
　　しょうゆ、みそ……各小さじ２
　　しいたけのもどし汁……100ml

作り方
❶干ししいたけは水でもどしていちょう切りに、もどし汁はＡに加える。鶏肉はひと口大、こんにゃくは5mm幅の薄切り、厚揚げは1cm厚さの角切りにする。
❷大根とにんじんは厚めのいちょう切り、ごぼうは乱切り、いんげんは2cm長さに切る。それぞれ下ゆでする。
❸鍋にサラダ油を熱して鶏肉を炒める。肉の色が変わったら、いんげん以外の②としいたけ、こんにゃくを炒め合わせる。
❹A、厚揚げを加えて軽く混ぜ合わせる。ふたをして野菜が柔らかくなり、味がしみ込むまで煮る。仕上げにいんげんを加える。

寒くなるほど甘みを増す冬野菜の代表格

白菜

南房総市の主な生産地
南房総市全域

南房総市の旬の季節
11～2月

甘みののった冬こそ食べたい

日本では大根、キャベツに次いで作付面積が多い野菜。１年中食べられるようになりましたが、最も甘く、味が良いのは寒さが本格的になる11月。１～２月は貯蔵ものが出回ります。

白菜の葉と芯、異なる食感を楽しんで

しゃきしゃきと歯切れのいい芯、柔らかな葉。白菜は１枚で異なる食感を持つので、料理で使い分けてもよいでしょう。白菜を加熱するときは、芯から火を入れて、葉は最後にさっと加熱して、加熱ムラを防ぎましょう。

低カロリーで食物繊維が豊富

ほとんどが水分でカロリーは低く、食物繊維が豊富なダイエットに最適の野菜。塩分を排出するカリウムやビタミンＣが豊富。冬の風邪予防にもおすすめ。
※１個＝約1kg（100g＝14kcal）

おすすめの調理法

クセのない野菜なので、漬物、鍋物、あえ物など、さまざまな調理法で楽しめます。素材の味をシンプルに楽しむなら、漬け物や鍋物がおすすめ。

葉がしっかりと締まっているものが良品。カットしたものは、葉と葉の間に隙間がないものを選ぶ。

球が大きく、持ったときにずっしりと重いものを。

保存方法

丸のまま新聞紙に包み、涼しい場所に立てて保存します。横にすると重みで下の葉が痛みます。カットしたものはラップで包み、冷蔵庫へ。

生産者の声

金井芳男さん・則子さん（南房総市・丸山地区）

「有機の土作りでしっかりと根をはらせ、大きく、ずっしりと重い白菜に育てています」

有機物の堆肥などを使った土作りをする金井さんの畑には、しっかりと根をはった白菜がずらりと並びます。「有機物を施用した土で育てると、葉がきゅっと締まり、大きく、ずっしりと育ちます。おいしくて安全な野菜を地域の子どもたちに届けたい。その思いが強く、子どもたちの食べる様子を想像しながら育てています。“おいしいね”の言葉を聞くことが私たちの喜びです」

白、緑、赤の３色の野菜を合わせて彩りよく

白菜のおひたし

副菜

材料（４人分）

白菜……約１/８株
にんじん……１/４本
小松菜……２株

A
- かつお節……3g
- しょうゆ……大さじ1/2
- だし汁……大さじ１

作り方

❶白菜は1cm幅のせん切り、にんじんは3cm長さのせん切り、小松菜はざく切りにする。
❷①は熱湯でさっと下ゆでする。
❸水気をしぼり、Aであえる。

とろみをつければ、いつまでもアツアツで食べごたえもUP

白菜のクリーム煮

副菜

材料（４人分）

白菜……約１/８株
にんじん……１/２本
玉ねぎ……１個
エリンギ……１本
鶏もも肉……40g
ベーコン……１枚
ブロッコリー……１/３株
しめじ……40g
バター……小さじ１
コーン（ホール）缶……大さじ３

A
- コーン（クリーム）缶……60g
- 牛乳……200ml
- コンソメ（顆粒）……小さじ1

B
- 生クリーム……大さじ１
- 米粉……小さじ２
- 塩……小さじ１/３

作り方

❶白菜は5cm大、にんじんは厚めのいちょう切り、玉ねぎは3cm大に、エリンギと鶏肉はにんじんと同じぐらいの大きさに、ベーコンは1cm幅に切る。ブロッコリーとしめじは小房に分ける。
❷鍋を熱してバターを溶かしてベーコンを炒め、脂が出てきたら鶏肉も炒める。ブロッコリー以外の野菜、Aを加えて野菜が柔らかくなるまで煮る。ブロッコリーとコーンは煮上がる直前に加えて火を通す。
❸Bを加えてひと煮立ちさせ、とろみがついたら火を止める。

縁起が良いとされ、栄養価の高さも魅力

れんこん

南房総市の主な生産地
南房総市全域

南房総市の旬の季節
10～12月

日本料理特有の食材

蓮《はす》の花が咲いた後に大きくなる、実（種）の入った花托《かたく》。花托の表面が蜂の巣に似ているため「はちす」、略されて「はす」という名に。この、はすの地下茎がれんこんになります。日本以外で食べている国はほとんどなく、和食特有の食材と言えるでしょう。

栄養価が高く、縁起物でもある

城の濠によく見られる蓮は、有事のときの非常食という説があるほど栄養豊富。穴があいていることから「先が見える」、「見通しがきく」と言われ、縁起の良い食べものとされてきました。

貧血や疲労回復に

野菜の中では珍しく、鉄分の吸収率を高めるビタミンB_{12}が豊富で、貧血予防に好適。ビタミンCやミネラルも多く、疲労回復も期待できます。
※1節＝約150g（100g＝66kcal）

おすすめの調理法

煮物だけではなく、さっとゆでてサラダにするのもおすすめ。すりおろしてみそ汁やカレーに入れたり、いかや海老、鶏肉などのミンチと合わせてハンバーグにしてもおいしい。

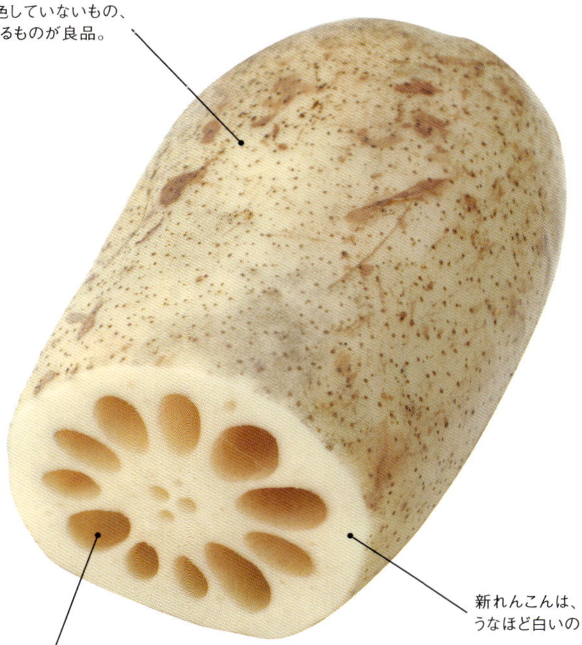
皮が変色していないもの、はりがあるものが良品。
新れんこんは、透き通りそうなほど白いのが特徴。
穴の中が黒くなっていないかをチェック。

保存方法

乾燥すると味がダウン。ぬらした新聞紙に包み、さらにポリ袋に入れて冷蔵庫の野菜室で保存してください。

生産者の声

石井 孝さん（南房総市・千倉地区）

「ビタミンCが豊富で風邪予防や美容に役立ちます。毎日食べて健康に過ごして」

県内でも珍しい無農薬のれんこん栽培を行う石井さん。「無農薬なので害虫対策に非常に気を使います。水をたくさん使うので、水の管理にも気が抜けません。でも、安全に育てたれんこんは、皮まで食べられるだけではなく、甘くてもちもち! ねばりのある、おいしいれんこんに育ちます。6～9月は蓮の花の盛り。とてもきれいな花を見に遊びに来てください」

いつもよりかために下ゆでして噛む力を身につけよう

れんこんのシャキシャキサラダ

副菜

材料（4人分）

れんこん……100g
大根……100g
にんじん……1/4本
きゅうり……1本
塩…少々
ごまドレッシング（市販品）……大さじ2 1/2
かつお節……5g

作り方

❶れんこん、大根、にんじんはいちょう切りにして、水からゆで、煮立ってから約1分下ゆでする。
❷きゅうりは輪切りにして塩もみし、水気をきる。
❸ごまドレッシングとかつお節で①、②をあえる。

低年齢の子どもには、だし汁で煮てから炒めて

れんこんのきんぴら

副菜

材料（4人分）

れんこん……200g
にんじん……1/3本
つきこんにゃく……80g
油揚げ……1/2枚
さやいんげん……6本
豚ひき肉……50g
ごま油……小さじ2

A
- 砂糖……大さじ1
- しょうゆ……大さじ1
- みりん……小さじ1
- 和風だしの素（顆粒）……小さじ1/2
- 酒……大さじ3

白炒りごま、塩……各適量

作り方

❶れんこんは厚めのいちょう切り、にんじんは5mm角の棒状、こんにゃくと油揚げ、いんげんは3cm長さに切る。いんげんは熱湯でさっと塩ゆでする。
❷フライパンにごま油を熱し、ひき肉をポロポロになるまで炒める。れんこんとにんじんも炒め合わせる。
❸こんにゃくと油揚げも加えて炒め、Aを加えて汁気がなくなるまでじっくり炒め煮にする。仕上げにいんげんを加えて炒め合わせ、器に盛ってごまを散らす。

食材別レシピ 1

市場でも人気の高い南房総産

セロリ

南房総市の主な生産地
南房総市富山地区ほか

南房総市の旬の季節
12～4月
（最盛期は1～3月）

葉先まで緑色が濃く、みずみずしいものが新鮮。
茎が太く、丸みのあるもの、筋がはっきりしているものを選ぶ。

肉の臭みを消す作用もある

ヨーロッパでは古くから薬草や香草として栽培され、肉の臭みを消すなど、料理の風味をグレードアップさせる働きがあります。かたい筋は取ってから料理に使いましょう。包丁の刃で先端の筋をひっかけ、スーッと引っ張って取ります。

長い歴史が育んだ最高級のセロリ

大正時代からセロリを栽培してきた富山・平群地区。現在は、栽培面積1万2000坪に、9軒の農家がハウス栽培をしています。南房総産のセロリは、みずみずしくて柔らかい上等級品質。シャリっとした歯ごたえと爽やかな香りが魅力です。

豊富な食物繊維で生活習慣病を予防

食物繊維が豊富に含まれているので便秘解消やコレステロール値を下げる作用が期待できます。特有の香り成分には精神安定効果も。カロテンの多い葉も捨てずに食べましょう。
※1本＝約100g（100g＝15kcal）

おすすめの調理法
生でも炒めても、煮ても美味。加熱すると独特の香りがやわらぎ、旨みが出てくるので、苦手な人でも食べやすくなります。旨みを生かし、スープやカレーなどのかくし味にするとよいでしょう。

保存方法
ぬれた新聞紙に包み、ポリ袋に入れて冷蔵庫で保存しましょう。

生産者の声

マルヒラ・セルリー組合の皆さん（南房総市・富山地区）

「子どもたちに畑で職場体験をして、おいしいセロリを食べてもらいたい」

セロリは大正時代から栽培されている南房総を代表する作物のひとつ。組合では、堆肥などの利用による自然を生かした土作りで、上質なセロリに育てるためのハウス栽培を行っています。「みずみずしく柔らかな南房総産のセロリは、市場での評価も高い一級品。子どもたちにもおいしいセロリをたくさん食べさせてあげたいですね。ぜひ職場体験もしてもらいたいです」

セロリの香りとシャキッと感が楽しめる沖縄風のお惣菜

セロリチャンプルー

主菜　副菜

材料（4人分）

セロリ……小1本（80g）
にんじん……1/3本
キャベツの葉……1枚
長ねぎ……1/2本
木綿豆腐……1/2丁（150g）
卵……2個
焼き麩……20g
豚モモこま切れ肉……80g
ごま油……小さじ1
A
鶏ガラスープの素（顆粒）……少々
塩……小さじ1
こしょう……少々

作り方

❶セロリは筋を取って斜め薄切りに、葉はざく切り、にんじんは5cm長さの短冊切り、キャベツは1cm幅に、長ねぎはみじん切りにする。
❷豆腐は水きりして2×1cm大に切る。卵は溶きほぐす。焼き麩は水でもどし、水気をぎゅっとしぼる。
❸フライパンにごま油を熱して長ねぎを炒め、香りが立ったら豚肉を炒める。にんじん、セロリ、キャベツ、豆腐、焼き麩、セロリの葉の順に炒め合わせる。
❹溶き卵を回しかけて好みのかたさまで火を通し、Aで調味する。

細かく刻めばセロリ嫌いも気づかず食べる!?　技ありの人気ご飯!

セロリのガーリックライス

主食

材料（4人分）

米……3合（450g）
A
水……530ml
酒……大さじ1
塩……小さじ1/3
コンソメ（顆粒）……大さじ1
セロリ……1/2本
玉ねぎ……1/4個
ベーコン……2枚
オリーブ油……小さじ1
にんにくのみじん切り……小さじ1/2
コンソメ（顆粒）……小さじ1
塩、こしょう……各少々
好みでセロリの葉……少々

作り方

❶米はといで水気をきる。炊飯器に米とAを合わせて炊く。
❷セロリと玉ねぎはみじん切りに、ベーコンは1cm幅に切る。
❸フライパンにオリーブ油を熱してにんにくを炒め、香りが立ったら②を炒める。火が通ったらコンソメ、塩、こしょうで調味する。
❹炊き上がったご飯に③を混ぜ合わせる。好みでセロリの葉のみじん切りを散らす。

旨みたっぷりで食感もしっかり

ひらたけ

南房総市の主な生産地	南房総市丸山地区
南房総市の旬の季節	1年中

深い旨みと食感が魅力

別名「味しめじ」とも呼ばれ、「香り松茸、味しめじ」と言われるように旨みたっぷり。「ぶなしめじ」などとは異なり、栽培に神経を使うデリケートなひらたけは、今では希少品。深い味わいと独特の食感が楽しめます。

無農薬で栽培される南房総市産

瓶に菌を植え、培養して育てるひらたけ。低温で育成させることで、しっかりとした食感になります。南房総市産は無農薬栽培なので、水洗いは不要です。洗うと風味が落ちるので、石づきについたオガクズを取る程度でOK。

疲労回復にも役立つ

食物繊維やたんぱく質が豊富。特にビタミンBの一種である、B_1、B_2、ナイアシンの含有量が多く、疲労回復や肌の健康をサポートします。
※1パック＝約100g（100g＝20kcal）

おすすめの調理法

旨みたっぷりの食材なので、だしの出るみそ汁やスープ類が特におすすめです。和洋中、どのジャンルの料理とも相性抜群。

かさの部分の色が濃いものほど新鮮。

保存方法

冷蔵庫に保存し、3日以内に使いきりましょう。余った場合はすぐ使えるよう、小さく割いてから冷凍保存を。

生産者の声

金木しめじセンター　**金木貞志**さん（南房総市・丸山地区）

「ひらたけは毎日が旬。深い旨みと香り、しっかりとした食感を味わってください」

「ひらたけの育成は、酸素、温度、湿度の管理がとてもデリケート。外気温の気温や天候によって、こまめに微調整するため、プロの知識と経験が必要とされます。手間はかかりますが、ぶなしめじよりも濃いきのこの深い旨みや香り、噛みごたえが楽しめます。おいしくて健康によく、低カロリーなひらたけは、子どもだけではなく、女性にもおすすめです」と金木さん。

しめじよりもシャキシャキしていて、旨みがぎゅっ!

ひらたけのみそ汁

汁物

材料（4人分）

ひらたけ……60g
玉ねぎ……1/2個
油揚げ……1/2枚
木綿豆腐
……1/3丁（100g）
生わかめ……10g
だし汁……480ml
みそ……大さじ1 1/2

作り方

❶ひらたけは石づきを切り落として小房に分ける。玉ねぎはせん切り、油揚げは短冊切り、豆腐は角切り、わかめはざく切りにする。

❷鍋にだし汁、ひらたけ、玉ねぎ、油揚げを合わせて火にかける。

❸野菜に火が通ったら豆腐を加えて温め、みそを溶き入れてひと煮立ちさせる。

香り高い山の恵みを、おかかで味わって!

ひらたけのおかかあえ

副菜

材料（4人分）

ひらたけ……60g
にんじん……1/4本
キャベツ……3枚
小松菜……3株
A しょうゆ……小さじ1 1/2
A かつお節……5g

作り方

❶ひらたけは石づきを切り落として小房に分ける。にんじんはせん切り、キャベツはざく切り、小松菜は3cm長さに切る。

❷①を順に歯ごたえが残るよう熱湯でさっと下ゆでする。水気をよくきり、Aであえる。

南房総市通信 vol.1

南房総市ってどんなところ!?

千葉県南部、房総半島の最南端に位置し、三方を海に囲まれた南房総市。その海岸線は南房総国定公園にも指定されています。北部には、千葉県最高峰の愛宕山（408m）をはじめ、富山《とみさん》（349m）など県内有数の山を有しています。

2006年3月20日に、7町村（安房郡富浦町、富山町、三芳村、白浜町、千倉町、丸山町、和田町）が合併して南房総市は発足しました。その昔、戦国時代には、『南総里見八犬伝』で知られる里見氏が安房統一を果たし、安房国統治の拠点とした地域。沖合を流れる黒潮の影響で、冬は暖かく夏は涼しい海洋性の温暖な気候となっています。なにより、「海・山・里」の豊かな恵みにあふれた食の宝庫。日本一の水揚げ高を誇る「房州エビ（房州産伊勢エビ）」、江戸時代から続く伝統の「房州びわ」をはじめ、ツチクジラの捕鯨基地・和田漁港や日本有数の早場米の産地としても有名です。

人　口　42,027人
（男20,144人／女21,883人）
世帯数　17,336世帯
面　積　230.22平方キロメートル
※2013年4月1日現在（住民基本台帳）

南房総市の特産品

房州びわ
初夏の果物として親しまれているびわ。その歴史は古く、約260年前から栽培され、大粒でみずみずしく香り高いのが特徴です。毎年、厳選されたびわが皇室にも献上されています。

菜花
南房総市は生産量日本一を誇ります。独特のほろ苦い味と豊かな緑は、定番のおひたし、からしあえから天ぷらやパスタにあえてもおいしい！　食用菜花の摘み取り体験も行われています。

房州みかん
甘みと酸味のバランスが絶妙な「房州みかん」。12月ともなれば、「みかん狩り」が旬を迎えます。もぎたてならではのフレッシュな味が体験できる冬の風物詩となっています。

花
生産量日本一を誇るキンセンカをはじめ、ストック、キンギョソウ、ポピー、菜の花など、四季折々に咲き乱れる一面の花畑。毎年2月、一足早い春を迎える花摘み体験が人気です。

くじら
日本に5ヶ所しかない捕鯨基地のひとつ、和田漁港。くじらが房総半島に近づく毎年6月～8月に捕鯨が行われます。解体作業見学や伝統的なくじら料理が体験できます。

 写真提供：南房総市

Let's study 南房総学

南房総市
食農教育の取り組み

故郷への“誇り”と“強い思い”を育む
オリジナル学習『南房総学』

子どもたちに伝えたい郷土の良さや特色

南房総市の小・中学校では、生まれ育った地域を深く知るための学習『南房総学』が年間を通して行われています。授業カリキュラムは各学校でさまざまですが、南房総の豊かな自然にふれ、さまざまな地域の歴史や特色、伝統文化を学び、地域に根ざす産業について体験します。教室だけで行われる学習の限界を鑑み、総合的な学習の時間をはじめ、教室を飛び出した課外授業や特別活動を通して、南房総の子どもたちは生まれ育った「南房総」と向き合います。

市では、「南房総に残っても、離れても、どこへ行っても支えとなる、故郷への誇りと強い思い」を子どものころから育むことで、心に芯のある人間形成を目指しています。南房総市が推進するオリジナル学習『南房総学』の４つの柱と、各学校のねらいに応じたさまざまな取り組みを紹介します。

1 地域の特色を学ぶ

温暖な気候に恵まれた南房総市の豊かな自然や産業、歴史、伝統文化など、地域の特色を学ぶ取り組み。

- 大葉わかめの学習（富浦中学校）
- くじらの学習（南三原・和田小学校、和田中学校）
- 郷土料理作り（七浦小学校ほか）
- 富浦の民話を劇にしよう（富浦小学校）、など

サンガ焼きの作り方を学ぶ（忽戸小学校）

2 地域との連携をはかる

より深く地域を学ぶために、地域の漁業・農業・観光業等の従事者、高齢者、福祉関係者、郷土史家などとの連携をはかる取り組み。

- 介護老人施設との交流（富山小学校）
- 水産加工を教わる（忽戸《こっと》小学校）
- 福祉活動・ボランティア（丸山中学校）
- 千倉漁協との連携（千倉中学校）、など

地域に住むお年寄りとの交流（健田小学校）

3 「自産自消」の取り組み

「地産地消」はもとより、自分たちで収穫した農林水産物を給食などで食べる「自産自消」を生かした食農教育の取り組み。

- おくら、大根の栽培（白浜小学校）
- 自分たちで育てた野菜を使って調理（南小学校）
- ひじき刈りと食農教育（白浜中学校）
- 米作り～栽培・収穫（朝夷小学校）、など

野菜の栽培と調理を学ぶ（丸小学校）

4 第一次産業学習の展開

実際の職業体験などを通し、農業・林業・漁業といった地域の第一次産業についてより深く学ぶ取り組み。

- びわを育てよう（富浦小学校）
- 農業体験（三芳小学校ほか）
- 職場体験学習（すべての中学校）
- 三芳の酪農を調べる（三芳中学校）、など

農家が栽培している野菜を調べる（南小学校）

Let's study 南房総学！

南房総市 食農教育の取り組み

南房総市の小・中学校では、食や農業、漁業への意識や郷土に対する気持ちを育むさまざまな『南房総学』の学習に取り組んでいます。

学校編

販売会の準備をみんなで

富浦地区の特産品 “びわを育てる”

（富浦小学校）

日本有数のびわの産地・富浦地区にある富浦小学校では、びわを育てる学習を行っています。毎年11月、卒業を控えた6年生から「びわの木」の世話を5年生が受け継ぎます。子どもたちは、資料を調べたり、わからないことはびわの品質向上を目指す「南無谷びわ研究会」の方々に話を聞いたりして学習を進めます。

11月に花摘み作業、2月に肥料を与え、4月には袋かけ作業を。そして6月、いよいよ実ったびわの収穫です。慎重に傷をつけないようにびわをもぎ、パンフレットやのぼりを自分たちで作成しての販売会を6年生みんなで行います。5年生が体験する「ジャム作り」もびわの学習のひとつです。

びわを虫から守るために行う袋かけ作業

おくらと大根の栽培
（白浜小学校）

3年生はおくら栽培、5年生は大根栽培を通して“育てる・収穫する・食べる”活動を行っています。おくらは、5月に種をまき、草取りや間引きの作業を経て、9月に収穫。大根は、10月に種をまき、間引き作業を経て、1月に収穫を迎えます。

3年生の育てたおくらは、学校給食の食材としても活用され、お世話になった方々を招いた「おくらの給食会」で感謝の気持ちを伝えます。5年生は、大根の歴史や種類、産地、料理方法を学びます。収穫した大根は、大根ステーキ、肉やいかとの煮物といった料理を自分たちで調理して食べる「自産自消」の学習にも役立てています。

おくらの収穫をする3年生

黄金色に実った稲の収穫（9月）

田植えから稲刈り、調理まで「米作り」を学ぶ
（丸小学校）

丸小学校では、5年生が中心となってPTAや地域の方々と協力しながら、米作りに取り組んでいます。「田植えからでなく、種まきから収穫まで、自分たちで米を作りたい」と、4月に種籾《たねもみ》をまき、米作りが始まります。水を欠かさずやり、天候に気をくばったりして、大事に苗を育てます。たった一粒の種籾が稲穂に至るまでの成長を見守ってきた子どもたちにとって、9月の稲刈りは米一粒の重みやありがたみを実感する体験となります。毎年11月には、収穫した米で収穫祭も行われます。

慣れない手つきで田植えを行う5年生（4月）

天草《てんぐさ》とりと、ところてん作り
（七浦小学校）

１・２年生は地域のお年寄りと一緒に七浦の海に行き、海の生き物の生態を教わります。海ではウニにタコ、貝のほか、たくさんの天草がとれます。天草のとり方を教わり、袋いっぱいの「海の宝物」を持ち帰る子どもたちの顔は、どこか誇らしげ。秋には、おじいちゃん・おばあちゃんを招待し、天草から作ったところてんを皆で食べる「ところてんまつり」を行います。

七浦の海は天草の宝庫

古代米で作った赤飯

古代米とEM米の米作り体験
（朝夷《あさい》小学校）

朝夷小学校では、古代米（４年生）とEM米（５年生）の田植えや稲刈りを体験しています。古代米の栽培は、高家《たかべ》神社による「食によるまちづくり」の一環。子どもたちは、神職による「お田植祭」や「抜穂祭」といった神事にも参加して、地域の食文化や歴史にふれます。秋には、赤米や黒米の稲穂が色づき、古代米独特の味わいを実感します。また、収穫されたEM米は、卒業を祝う赤飯として全家庭に届けられています。

「抜穂祭」での光景

捕鯨の歴史から調理まで、くじらの学習
（南三原小学校・和田小学校）

６月の初漁祭を迎えるころ、５年生のくじら学習がはじまります。解体見学では、大きな音を立てて骨から剥がされ、だんだん肉になっていくくじらを間近に見たうえで、くじらの料理をいただきます。“捕る”から“食べる”までを体験的に学ぶことで、食べるということは“命をいただく”という食文化の大切さを肌で感じる学習をめざしています。

ツチクジラの解体見学

プロの料理人にくじら料理を学ぶ
写真提供：房日新聞

その大きさにみんなビックリ!

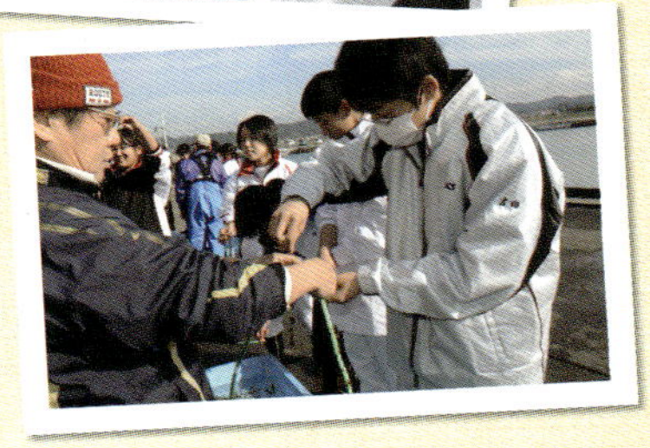

大葉わかめの種つけ作業を学ぶ

大葉わかめの養殖、調理を学習
(富浦中学校)

富浦地区は波静かな東京湾に面し、冬暖かく夏涼しい山海に恵まれた土地。富浦中学校では、そんな地域の名産品「大葉わかめ」の学習に取り組んでいます。大葉わかめは、その名の通り、葉の部分が極めて大きく、全国でも数ヶ所しか収穫できない貴重なわかめです。毎年、生徒が自ら種つけ・収穫した大葉わかめは、学校給食やイベントにも提供され、地産地消・宣伝活動に役立てています。

ひじき弁当の完成!

“ひじき刈り”で郷土の海を再認識
(白浜中学校)

収穫行事「ひじき刈り」をはじめ、郷土の海のすばらしさを再認識する学習に取り組む白浜中学校。1年生は、白浜漁協から講師を迎え、ひじきの歴史や加工方法、栄養について学び、調理実習を体験します。3年生は、将来の食生活にも生かせるように、ひじき料理を使った弁当作りにチャレンジ。学校給食にも積極的にひじきを提供して、郷土への思いを育んでいます。

毎年4月、全校生徒で行われる『ひじき刈り』

大根栽培で食農体験
(和田中学校)

収穫した大根は学校給食にも提供されます

和田中学校では、県立安房拓心高校の先生や生徒を指導者に迎え、食農学習を進めています。大根栽培では、土作りから種まき、間引き、草取り、収穫といった一連の作業に挑戦します。収穫した大根は、自分たちが食べる“自産自消”のほか、給食センターを通して和田地区の子どもたちにも振るまわれます。実際に汗を流して体験することにより、生産者の苦労が実感でき、「食べること」「栽培すること」への関心が高まります。

Let's study 南房総学！

市の取り組み編

南房総市では、地域とのネットワークを生かした「地産地消」「自産自消」を推進しています。「食農教育」を広く市内外に伝えるべく、さまざまな活動を行っています。

「給食レストラン」開店

「日本一おいしいご飯給食」を市内外の人にもっと知ってもらおうとスタートした「給食レストラン」。期間限定・食数限定で、その日に提供する学校給食を1食290円で試食してもらいます。地産地消、郷土の味をこらした給食を食べた参加者は、「おいしくてやさしい味の給食を、子どもたちに今後も提供してもらいたい」と話していました。

午前11時半の“開店”とともに満席の大盛況
写真提供：房日新聞

生産者と児童が一緒に食べる「給食交流会」

学校給食に食材を提供する生産者と児童がふれあいながら一緒に給食を食べる「給食交流会」。地域の生産者の協力があってこそ、地産地消を生かしたご飯給食が毎日食べられます。生産者にとっても、丹精込めて作った農産物がどのように調理され、どのように食べられているのかを知る良い機会となっています。「子どもたちのために」との思いをより強くする生産者も多いようです。

給食食材を提供する生産者と一緒に給食

学校給食を支える「南房総食品卸売市場」

2011年7月、市内の食品流通の拠点となる「南房総食品卸売市場」がオープンしました。その業務のひとつとして、学校給食への地元農産物の提供があります。学校給食に協力する現在約70名の生産者の生産情報を集め、給食食材の使用日との調整を行うことで安定した地元産農産物の数量確保ができるようになりました。生産者にとっても安定した価格設定による買取が実現しています。

南房総食品卸売市場

南房総市産の食材を使った「料理コンテスト」

南房総市産の豊かな食材を使った料理コンテストが毎年開催されています。これまで、「ご当地カレー」や「ご当地どんぶり」などをテーマに、菜花やあじ、郷土料理"サンガ"などの地元食材や名産品を使い、子どもたちの豊かな発想から新しいレシピが発表されています。入賞作品は、学校給食に提供されたり、地元商店により商品化されたりと、地産地消はもとより南房総のPRにもひと役買っています。

上：2011年の最優秀賞「三芳中２年Ｂ組夏カレー」
左：2012年の最優秀賞「サンガの櫃まぶし丼」

写真提供：房日新聞

地元料理人を講師に「栄養士の研修会」

堀江さんにレシピを学ぶ給食センターの栄養士

学校給食に「もっと地元の食材を生かしたい」という思いから、プロの料理人にレシピの考案を依頼し、給食センターの栄養士が指導を受ける研修会を定期的に開催しています。

第１回の講師は、南房総市千倉町の民宿「政右エ門」の堀江洋一さん。堀江さんは、日本で唯一の料理の神様をまつる『高家《たかべ》神社』の庖丁式の刀主を務め、花を使ったアイデアレシピを開発している方です。研修会では、地元食材を使ったメニューや給食でも使える料理のヒントが披露されました。

給食の人気メニュー「拓心ヨーグルト」

市教育委員会では、県立安房拓心高校と連携し、高校生が栽培した大根などの野菜や製造したヨーグルトを、給食センターを通して市内の幼稚園、小・中学校へ提供しています。なかでもヨーグルトは、安房拓心高校の生徒たちが飼育する乳牛ホルスタインから搾乳した新鮮な乳を使ったもので、子どもたちの人気メニューとなっています。高校生が実際に学校を訪れ、ヨーグルトの作り方などを説明する活動も行っています。

ヨーグルトの作り方を教える安房拓心高校の生徒

南房総市通信 vol.2

特色ある南房総市の７地区

三方を海に囲まれた南房総市。海あり山あり豊かな大地あり、
各地域で特色ある南房総市の７つの地区を紹介します。

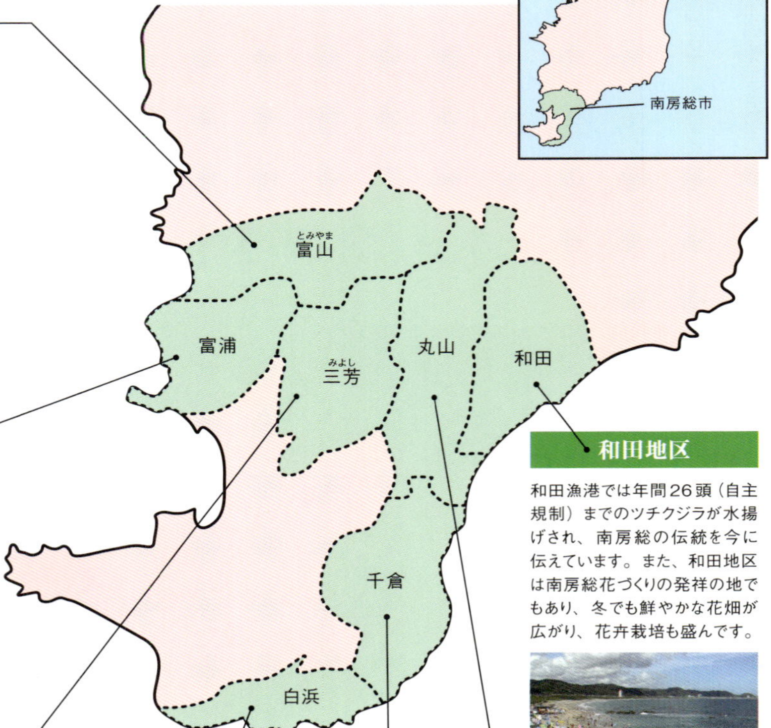

富山地区

海水浴に人気の岩井海岸と房総半島を代表する３山、富山《とみさん》、伊予ヶ岳、御殿山を有します。富山は滝沢馬琴の『南総里見八犬伝』の舞台として知られ、「伏姫と八房」にちなんだ史跡が多くあります。

岩井海水浴場で行われる恒例の地引網

富浦地区

菜の花をはじめ美しい花々が咲き乱れる富浦地区は、日本有数のびわの産地として有名です。関東富士見百景にも選ばれた大房岬周辺は、さまざまなレジャースポーツが楽しめる自然公園になっています。

一面の菜の花畑（道の駅とみうら枇杷倶楽部周辺）

和田地区

和田漁港では年間26頭（自主規制）までのツチクジラが水揚げされ、南房総の伝統を今に伝えています。また、和田地区は南房総花づくりの発祥の地でもあり、冬でも鮮やかな花畑が広がり、花卉栽培も盛んです。

和田浦海水浴場

三芳地区

他に先駆けて「安全で美味しい」をテーマに農作物を生産してきた三芳地区。地区の中心にある直売所には、収穫したばかりの新鮮な野菜や乳製品、加工食品が並び、休日には遠方からの買い物客で賑わいます。

沢山不動堂とかじか橋

白浜地区

房総半島の最南端、野島埼に立つ日本で２番目に建てられた洋式灯台、野島埼灯台が地区のシンボルになっています。変化に富んだ海岸の岩礁では、今も素潜りの海女による、サザエやアワビ漁が盛んです。

野島埼灯台

千倉地区

黒潮の恩恵を受け、冬に春の花が咲くことで全国的に有名な千倉地区。キンセンカ、ストックなど露地花を多く出荷しています。大小８つの漁港を有し、「つくり育てる漁業」を中心にした水産業を行っています。

平磯地区のお花畑

丸山地区

花卉出荷高が市で最も多い地区です。季節の花が植栽されたローズマリー公園、あじさい寺として有名な日運寺に多くの観光客が訪れています。日本酪農発祥の地として知られる「千葉県酪農のさと」も丸山地区に。

千葉県酪農のさと

 写真提供：南房総市

2

栄養バランス満点!
1週間の献立メニュー

献立メニュー

2

あっさりした焼き魚に、コクのあるピーナッツや汁物をプラス

あじの一夜干し風、ピーナッツあえ、かぼちゃのみそ汁の献立

自家製あじの一夜干し風

主菜

材料（4人分）
あじ……大1尾（骨と頭を取って240g）
塩……小さじ1/2

作り方
❶あじは頭と尾を切り落として内臓を取り除き、3枚におろして長さを半分に切る。
❷塩をふって30分〜ひと晩おく（夏は冷蔵庫、冬は室温におく）。
❸水気をふき、焼き網かフライパンでこんがり焼く。好みで青じそや大根おろしを添える。

ほうれん草のピーナッツあえ

副菜

材料（4人分）
ほうれん草……2/3束（200g）
塩…適量
にんじん……1/4本
つきこんにゃく……80g
しめじ……約1/2袋（40g）
もやし……1/2袋（100g）
A｜砂糖……大さじ1 1/3
A｜しょうゆ……小さじ2 1/2
A｜ピーナッツ……大さじ3

作り方
❶ほうれん草は熱湯で塩ゆでし、3cm長さに切る。こんにゃくは3cm長さに切り、熱湯で下ゆでする。
❷にんじんはせん切り、しめじは小房に分ける。にんじんは水から、しめじ、もやしは熱湯でさっと下ゆでし、水気をきる。
❸Aのピーナッツはすり鉢で好みの加減にする。Aを混ぜ合わせ、①、②をあえる。

かぼちゃのみそ汁

汁物

材料（4人分）
かぼちゃ……180g
玉ねぎ……1/2個
油揚げ……1枚
だし汁（かつお昆布だし）……500ml
みそ……大さじ2

作り方
❶かぼちゃは皮つきのまま角切りに、玉ねぎは厚めの薄切りに、油揚げは短冊切りにする。
❷鍋にだし汁、かぼちゃを合わせて火にかける。途中、玉ねぎと油揚げを加え、かぼちゃが柔らかくなるまで煮る。
❸野菜に火が通ったらみそを溶き入れ、ひと煮立ちさせる。

ご飯……茶碗1杯分

主食

梅干し……1個

牛乳……200ml

和田学校給食センター 井藤昌子さん

調理のヒント
家庭でも作れる簡単な一夜干し風の魚は、魚の重量の1%の塩分を目安に使いましょう。コクのあるピーナッツあえは、甘みと塩気がほどよく、きらいな野菜でも食べられるようになるおすすめのあえ衣。ピーナッツは、よくすれば香りがよく、粗くすれば食感が楽しめます。

献立メニュー

2

肉が柔らかくなるみそ漬けは、 香ばしい匂いが食欲をそそる

豚のみそ漬け焼き、ブロッコリーのツナあえ、そぼろ汁の献立

豚のみそ漬け焼き

主菜

材料（4人分）

豚ロース肉（しょうが焼き用）……8 枚

A
- にんにくのすりおろし……小さじ1/2
- 白みそ……大さじ1強
- 七味唐辛子……少々
- ごま油……小さじ2
- しょうゆ……小さじ2
- みりん……小さじ2
- こしょう……少々
- 酢……小さじ1
- 三温糖……大さじ1

サラダ油……大さじ1/2

作り方

❶ボウルにAを合わせて混ぜる。豚肉を加えて両面をもみ混ぜ、約15分おく。

❷フライパンにサラダ油を熱し、こげないように火加減に注意しながら①の両面をこんがり焼く。

❸器に盛り、好みでプチトマトを添える。

ブロッコリーのツナマヨあえ

副菜

材料（4人分）

ブロッコリー……1 1/2個

塩……適量

ツナ（フレーク）缶……25g

A
- 薄口しょうゆ……小さじ1
- マヨネーズ……大さじ2
- こしょう……少々

作り方

❶ブロッコリーは大きめの小房に切り分け、熱湯でさっと塩ゆでする。

❷ツナは缶汁をきる。①と合わせ、Aであえる。

大根のそぼろ汁

汁物

材料（4人分）

大根……約4cm

にんじん……1/2本

小松菜……2株

鶏ひき肉……80g

ごま油……小さじ1/2

だし汁……480 ml

A
- 塩……小さじ1/2
- しょうゆ……大さじ1 1/2
- みりん……小さじ1

水溶き片栗粉（片栗粉小さじ2、水小さじ1）

作り方

❶大根とにんじんは厚めのいちょう切りに、小松菜は5cm長さに切る。

❷鍋にごま油を熱してひき肉をポロポロになるまで炒める。大根とにんじんも炒め合わせ、全体に油がまわったらだし汁を加えて煮る。

❸野菜に火が通ったら小松菜を加えてさっと煮て、Aで調味する。水溶き片栗粉を加えてひと煮立ちさせ、とろみをつける。

ご飯……茶碗1杯分

主食

梨……2切れ

牛乳……200ml

調理のヒント

お肉の臭みが消えて、食感も柔らかくなるみそ漬けは、豚肉の代わりに鶏肉や魚介（白身魚の切り身など）で作ってもおいしいですよ。焼けば余分な脂が落ちてヘルシーになりますが、こげやすいので注意して。そぼろ汁は食べやすいよう、とろみをつけましょう。

青魚はご飯がすすむ甘辛あんで食べやすく

さんまの蒲焼き、ゆかり漬け、具だくさんみそ汁の献立

さんまの蒲焼き
主菜

材料（4人分）
さんま……4尾
片栗粉……適量
揚げ油……適量
A
- 三温糖……大さじ1
- しょうゆ……大さじ2
- 酒……小さじ1
- 水……大さじ2
- みりん……小さじ1

しょうがのすりおろし……1かけ分

作り方
❶さんまは頭と尾を切り落として、内臓を取り除く。背開きにして骨を取り除く。長さを半分に切り、片栗粉をまぶす。
❷小鍋にAを合わせ、煮立ったらしょうがを加える。
❸揚げ油を180℃に熱し、①をカラリと揚げる。熱々のうちに②にひたして絡める。

キャベツのゆかり漬け
副菜

材料（4人分）
キャベツ……1/4個
葉大根……80g
A
- ゆかり（赤じそのふりかけ）……小さじ1
- 塩……小さじ1/3
- 薄口しょうゆ……小さじ1/3

好みで白炒りごま……少々

作り方
❶キャベツはざく切り、葉大根は3cm長さに切る。
❷熱湯で①をさっとゆで、水気をしぼる。
❸Aを②に加えてよく混ぜ、味がなじむまで約5分おく。好みでごまをふる。
※葉大根の代わりに水菜5株でもOK。

具だくさんみそ汁
汁物

材料（4人分）
白菜の葉……2枚
にんじん……1/3本
小松菜……1株
えのきだけ……1/2袋（50g）
だし汁（かつお昆布だし）……700ml
みそ……大さじ3

作り方
❶白菜はせん切り、にんじんは短冊切り、小松菜は5cm長さに切る。えのきは石づきを切り落として長さを半分に切る。
❷鍋にだし汁とにんじんを合わせ、煮立ったら白菜、えのきの順に加えて煮る。
❸野菜に火が通ったら小松菜を加えてさっと煮る。仕上げにみそ溶き入れ、ひと煮立ちさせる。

ご飯……茶碗　1杯分
主食

柿……1/4個分

牛乳……200ml

内房学校給食センター　岩崎 恵さん

調理のヒント
DHAやEPAなど良質な脂を持つ青魚は、子どもにぜひ食べてほしい素材のひとつ。主菜が魚や肉だけのときは、副菜でたっぷり野菜を取り入れて。ただのあえ物よりも汁物にしたほうが、野菜のカサが減って味もよくしみ込み、たくさん食べられるようになります。

献立メニュー 2

嚙みごたえ抜群のいかの主菜に、やわらかな副菜をプラス

いかの香味焼き、炒り豆腐、里の香みそ汁の献立

いかの香味焼き

主菜

材料（4人分）
いかの胴……300g
A
- しょうがのすりおろし……小さじ1/4
- にんにくのすりおろし……小さじ1/4
- 長ねぎのみじん切り……5cm分
- しょうゆ……小さじ1 1/2
- みりん……小さじ1/2
- みそ……大さじ1/2

サラダ油……適量

作り方
❶いかは4等分に切って、片側に格子の切り込みを入れる。
❷Aを混ぜ合わせ、いかを30分～1時間漬ける。
❸フライパンにサラダ油を熱し、①の両面をおいしそうな焼き色がつくまで焼く。器に盛り、好みでレモンやレタスを添える。

炒り豆腐

副菜

材料（4人分）
木綿豆腐……1丁（300g）
干ししいたけ……1枚
にんじん……1/5本
長ねぎ……10cm
つきこんにゃく……50g
卵……1個
枝豆（さやから出したもの）……15g
鶏ひき肉……50g
サラダ油……小さじ1
A
- 三温糖……小さじ2 1/2
- しょうゆ……大さじ1 1/2
- 酒……小さじ1
- みりん……小さじ1/3

作り方
❶豆腐は重石をし、しっかり水気をきる。干ししいたけは水150mlでもどしてせん切りにし、もどし汁100mlはAに加える。
❷にんじんはせん切り、長ねぎはみじん切り、こんにゃくは3cm長さに切る。卵は溶きほぐす。枝豆は色よくゆでる。
❸フライパンにサラダ油を熱し、ひき肉をポロポロになるまで炒める。にんじん、しいたけ、こんにゃくも加えて炒め合わせる。
❹豆腐をちぎり入れ、菜ばしで豆腐をつぶしながら炒める。Aで調味し、長ねぎ、枝豆を加えてさっと炒め合わせる。

里の香みそ汁

汁物

材料（4人分）
大根……1/7本（130g）
にんじん……1/3本
里いも……2個
玉ねぎ……1/4個
葉大根……30g
ひらたけ……30g
だし汁（かつお昆布だし）……480ml
みそ……大さじ2

作り方
❶大根とにんじん、里いもはひと口大の乱切りに、玉ねぎはせん切り、葉大根はざく切りにする。ひらたけは小房に分ける。
❷鍋にだし汁、大根、にんじん、里いも、玉ねぎ、ひらたけを合わせ、火にかける。
❸野菜に火が通ったら葉大根を加えてさっと煮る。仕上げにみそを溶き入れ、ひと煮立ちさせる。

ご飯……茶碗1杯分

主食

すいか……1切れ

牛乳……200ml

丸山学校給食センター 伊藤真理さん

調理のヒント
千葉県産の青大豆を使った赤みそや、しょうゆ、かつお節から丁寧にとっただし汁など、きちんとした調味料や素材で作った和の献立です。だしの旨みや伝統調味料、薬味の風味を上手に使えば、味の濃い洋食に慣れた子どもたちにも、おいしいと感じてもらえます。

献立メニュー 2

ボリュームたっぷりの揚げ物をさっぱり仕上げた人気メニュー

鶏肉のねぎソースがけ、青菜炒め、かき玉汁の献立

鶏肉のねぎソースがけ　主菜

材料（4人分）
鶏もも肉（皮つき）……400g
酒……大さじ1
片栗粉……大さじ5
長ねぎ……1本
しょうがの薄切り……3枚
A　しょうゆ……大さじ2
　酢……大さじ2
　砂糖……大さじ2
　白すりごま……大さじ2
揚げ油……適量

作り方
❶鶏肉は大きめのひと口大（4～5cm）に切る。酒をふって片栗粉を薄くまぶす。
❷長ねぎとしょうがは粗みじん切りにし、Aと合わせる。
❸揚げ油を170℃に熱して①を揚げ、じっくり中まで火を通す。器に盛り、熱々のうちに②をかける。

チンゲン菜のベーコン炒め　副菜

材料（4人分）
チンゲン菜……2株
ベーコン……2枚
しめじ……1/2袋（60g）
もやし……1/2袋（100g）
コーン（ホール）缶……大さじ4
塩、こしょう……各少々

作り方
❶青梗菜は5cm長さに、ベーコンは1cm幅の短冊切りにする。しめじは小房に分け、コーンは汁気をきる。
❷フライパンを熱してベーコンを炒める。脂が出てきたら、チンゲン菜、しめじ、もやし、コーンの順に加え、炒め合せる。
❸塩、こしょうで味をととのえる。

かき玉汁　汁物

材料（4人分）
玉ねぎ……1/2個
大根……80g
にんじん……1/5本
えのきだけ……約1/2袋（80g）
鶏ガラスープの素（顆粒）……小さじ2
A　しょうゆ……小さじ1/2
　塩、こしょう……各少々
卵……1個

作り方
❶玉ねぎ、大根、にんじんはせん切りにする。えのきは石づきを切り落とし、長さを半分に切る。
❷鍋に水480mlと鶏ガラスープ、①を合わせて火にかける。
❸野菜に火が通ったら、Aで調味する。溶きほぐした卵をまわし入れ、火を止める。

ご飯……茶碗1杯分　主食

プチトマト……2個

牛乳……200ml

朝夷学校給食センター 小安亜季さん

調理のヒント
鶏肉は大きく切って片栗粉をまぶすことで、噛みごたえがアップします。柔らかく作りがちな肉料理も、少しの工夫であごや歯を鍛える一品に。かき玉汁にも噛みごたえのあるきのこや根菜をプラス。野菜や果物をたくさん食べることは、栄養面だけではなく歯の健康にも役立ちます。

献立メニュー
2

子どもが苦手な根菜を出す日には、人気の卵料理を合わせて

千草焼き、炒り鶏、あじのつみれ汁の献立

千草焼き

主菜

材料（4人分）
干ししいたけ……2枚
A
- しょうゆ……大さじ1
- 砂糖……大さじ2
- みりん……小さじ1/2
- 和風だしの素（顆粒）……小さじ1/2

玉ねぎ……1/2個
冷凍ミックスベジタブル……40g
サラダ油……小さじ3
卵……4個

作り方
❶干ししいたけは水でもどし、みじん切りにする。もどし汁大さじ1はAに加える。
❷玉ねぎはみじん切りにする。ミックスベジタブルは解凍する。
❸フライパンにサラダ油小さじ1を熱し、もどしたしいたけ、②を加えて炒める。Aを加えて調味し、少し水分を飛ばすように炒める。
❹卵は溶きほぐし、③を加えてよく混ぜる。
❺卵焼き器（または小さめのフライパン）にサラダ油小さじ2を熱し、通常の卵焼きのように④を少し入れて、巻くを繰り返して卵焼きを作る。

あじのつみれ汁

汁物

材料（4人分）
あじ……2尾
A
- 長ねぎ……1/4本
- しょうが……1かけ
- 片栗粉……大さじ1
- 塩……ひとつまみ

わかめ（乾燥）……2g
小松菜……2株
長ねぎ……3/4本
だし汁……480ml
みそ……大さじ1 1/2

作り方
❶あじは3枚におろし、ぜいごを取って皮をはぎ取る。小骨は抜き取り、包丁でよくたたく（または、すり鉢でする）。
❷Aの長ねぎ、しょうがはみじん切りにする。①にAを混ぜてよくこね、12個のだんごに丸める。
❸わかめは水でもどし、ひと口大に切る。小松菜はざく切り、長ねぎは斜め切りにする。
❹鍋にだし汁を入れ、煮立ったら②を落とし入れる。小松菜も加えて火を通し、長ねぎとわかめも加える。仕上げにみそを溶き入れ、ひと煮立ちさせる。

炒り鶏

副菜

材料（4人分）
鶏もも肉（皮つき）……100g
にんじん……1/2本
ごぼう……1/2本
里いも……2個
たけのこ（水煮）……80g
こんにゃく……約1/2枚（80g）
さやいんげん……6本
サラダ油……小さじ1
だし汁（かつお昆布だし）……200ml
A
- しょうゆ……大さじ1 1/3
- 砂糖……大さじ1 1/3

作り方
❶鶏肉はひと口大に、にんじん、ごぼう、里いも、たけのこ、こんにゃくは乱切りにする。いんげんは3cm長さに切る。
❷鍋にサラダ油を熱し、鶏肉を炒める。いんげん以外の野菜とこんにゃくを加えて、全体に油がまわるまで炒める。
❸だし汁を加えてふたをし、約8分、野菜に火が通るまで煮る。Aを加え、煮汁が鍋底から2cmくらいになるまで煮詰める。
❹煮汁が少なくなったらいんげんを加え、野菜に煮汁を絡めながら2分煮る。

ご飯……茶碗1杯分

主食

ぶどう……3粒

牛乳……200ml

朝東学校給食センター 小安亜季さん

調理のヒント
色どりのいい野菜が食欲をそそる千草焼き。冷蔵庫で中途半端に残っている野菜があったら、ミックスベジタブルの代わりに使ってみてください。卵焼きを作るのが苦手な人は、フライパンに卵液を全部入れてふたをし、ごく弱火で蒸し焼きにしてもOKです。

献立メニュー 2

ほっとする、おばあちゃんの味を伝えたい

さばのみそ煮と磯香あえ、すまし汁の献立

さばのみそ煮

主菜

材料（4人分）

さば……4切れ（280g）

A
- みそ……大さじ2 1/3
- しょうゆ……大さじ2 1/3
- 砂糖……大さじ5
- 酒……大さじ1
- しょうがのせん切り……2かけ分
- 水……120ml

作り方

❶鍋にAを合わせ、強火にかける。

❷煮立ったらさばの身を下にして入れる（皮側が上）。ふたたび煮立ったら中火にし、アルミホイルなどで落しぶたをして約15分、中まで火を通す。ときどき煮汁をすくってさばにかける。

磯香あえ

副菜

材料（4人分）

ほうれん草……1/3束

にんじん……小1/2本

キャベツの葉……2枚

もやし……1/2袋（100g）

A
- かつお節……5g
- 刻みのり……4つまみ
- しょうゆ……大さじ1 1/2

作り方

❶ほうれん草は熱湯でゆでて3cm長さに切る。

❷にんじんとキャベツはせん切りにする。もやしとにんじん、キャベツは熱湯でさっと下ゆでする。

❸①、②の水気をきり、Aであえる。

冬野菜のすまし汁

汁物

材料（4人分）

干ししいたけ……2枚

大根……1/8本（100g）

小松菜……1株

長ねぎ……1/2本

絹ごし豆腐……約1/3丁（120g）

だし汁（かつお昆布だし）……500ml

塩……小さじ1/2

しょうゆ……小さじ1

作り方

❶干ししいたけは水でもどして薄切りに、大根はいちょう切りに、小松菜は3cm長さ、長ねぎは小口切り、豆腐は1cm角に切る。

❷鍋にだし汁と大根、もどしたしいたけを入れて火にかける。大根に火が通ったら豆腐を加え、塩としょうゆで調味する。

❸小松菜、長ねぎを加え、さっと煮る。

ご飯……茶碗1杯分

主食

オレンジ……1/4切れ

牛乳……200ml

和田学校給食センター 井藤昌子さん

調理のヒント

魚の臭みがとれるみそ煮は、食べさせたい食材のひとつ“青魚”を食べやすくするおすすめの調理法。メインがみそ味のときは、みそ汁ではなくお吸い物をプラス。のりの風味を活かした磯香あえは、調味料を少なくできる子どもに人気のあえ物です。

南房総市通信 vol.3

南房総市産 旬の野菜カレンダー

旬の時期に収穫された野菜は、おいしいだけでなく栄養価も高くなります。
新鮮な野菜を子どもたちに積極的に食べさせてあげてください。

旬の時期　出荷時期

品目	1月	2月	3月	4月	5月	6月	7月	8月	9月	10月	11月	12月
セロリ	旬	旬	旬	出荷								出荷
菜花	旬	旬	旬	出荷							出荷	旬
キャベツ	旬	旬	旬	旬	旬	旬	出荷				出荷	出荷
白菜	旬	旬									旬	旬
ほうれん草	旬	旬	旬	出荷	出荷	出荷	出荷			出荷	出荷	旬
のぶき				旬	旬	出荷						
ブロッコリー	旬	旬	旬	出荷	出荷	出荷					旬	出荷
カリフラワー	旬	旬	旬	出荷		出荷					旬	出荷
長ねぎ	旬	旬	旬	出荷	出荷		出荷	出荷	出荷	出荷	出荷	出荷
きゅうり	出荷	出荷	出荷	出荷	旬	旬	旬	旬	旬	出荷	出荷	出荷
トマト	出荷	出荷	出荷	出荷	旬	旬	旬	旬	出荷	出荷	出荷	出荷
なす					出荷	出荷	旬	旬	旬	旬	出荷	
ピーマン						出荷	旬	旬	旬	旬	出荷	
ししとう						旬	旬	旬	旬	旬	出荷	
さやいんげん			出荷	旬	旬	旬	出荷	出荷		出荷	出荷	
そらまめ				旬	旬							
大根	旬	旬	出荷	出荷	出荷	出荷		出荷		出荷	旬	旬
にんじん	旬	出荷	出荷	出荷	出荷	出荷	出荷	出荷	出荷	出荷	出荷	旬
玉ねぎ	出荷	出荷	旬	旬	旬	旬	出荷	出荷	出荷	出荷		
じゃがいも					旬	旬	旬	旬	出荷			
さつまいも								旬	旬	旬	旬	
しょうが			出荷	出荷	出荷		出荷	旬	旬	旬	出荷	出荷
すいか					出荷	旬	旬	旬	旬	出荷		
とうもろこし						旬	旬	旬				
しいたけ	出荷	出荷	旬	出荷	出荷	出荷	出荷	旬	出荷	出荷	出荷	出荷

※一般的な出荷時期の目安として参考ください。

3

家庭に残したい！
南房総の伝統＆NEWレシピ

肉厚に切って豪快に揚げる人気メニュー

くじらの竜田揚げ

主菜

材料（4人分）

くじら（赤身）……240g

A
- しょうゆ……大さじ2
- 酒……小さじ1 1/2
- しょうがのすりおろし……小さじ1
- 砂糖……小さじ1/2
- みりん……小さじ1/2

片栗粉……適量

揚げ油……適量

作り方

❶くじらは7mm厚さぐらいの、大きめのひと口大に切る。

❷混ぜ合わせたAに①をひたし、30分以上おく。

❸汁気をきった②に片栗粉をまぶし、180℃に熱した揚げ油でカラリと揚げる。好みでレモンを添えてもおいしい。

くじら料理が初めての人でも食べやすい

くじらの南蛮漬け

主菜

材料（4人分）

くじらの竜田揚げ……4人分

（下味のAのしょうゆの量を大さじ1 1/3にする）

B
- 砂糖……大さじ2
- しょうゆ……大さじ1 1/2
- 酢……大さじ1 1/2
- 長ねぎの小口切り……10cm分

作り方

❶くじらの竜田揚げを作る。

❷熱いうちに混ぜ合わせたBを絡める。好みで七味唐辛子をふる。

和田浦名物の「くじら料理」

南房総市の東部、外房に位置する和田漁港は、日本で4ヶ所しかない捕鯨基地のひとつ。毎年、夏に漁が行われ、年間26頭（自主規制）までのツチクジラが水揚げされます。日本人の食文化や漁業を支えてきたくじら料理は給食でも人気のメニューです。

しょうがを爽やかにきかせた、あっさりおいしい魚飯

赤まんま

主食

お祭りのときに食べる行事食

まんまとは、ご飯の幼児語。つまり、赤まんまとは赤飯のことで「赤まぜ」、「魚飯」と呼ぶことも。まぐろを使いますが、海岸近くではなく山沿いの農村地域で食べられる料理。冷蔵庫のない時代、魚をしょうゆに漬け、保存性を高めて運んだことから、山沿いの村々ではごちそうとして愛されてきました。御舞社《おびしゃ》、綱釣り、田植えなど、祭りや地域の集まりのときに食べる料理です。

材料（4人分）

米……3合
まぐろ（さく）……200g
しょうが……1かけ
しょうゆ……大さじ2 1/2
砂糖……大さじ2
B 酢……大さじ4
　砂糖……大さじ5
　塩……小さじ1
好みで薬味（ごま、刻みのり、青じそなど）……適量

作り方

❶米はといで水気をきり、通常より水を少しだけひかえて炊く。
❷まぐろはぶつ切りに、しょうがは粗みじん切りにする。
❸小鍋にしょうゆと砂糖を合わせ、ひと煮立ちしたら火を止めて粗熱をとる。しょうがを混ぜてまぐろを加え、冷蔵庫で1時間弱漬ける。
❹飯台などに炊き立ての①をあけ、よく混ぜ合わせたBを加えて酢飯を作る。酢飯が冷めたら、③のまぐろを漬け汁ごと加える。各自、好みで薬味を散らす。

伝統&NEWレシピ 3

ほくほくの落花生がたくさん入った、もっちりおこわ

落花生赤飯

主食

千葉県の特産「落花生」

全国一の落花生の生産量を誇る千葉県。落花生を炊き上げたほんのりピンク色のおこわは、県の郷土料理です。地元では落花生が収穫される秋に生の落花生を使って作りますが、乾燥した落花生でも水にしっかりひたせば一年中おいしく作れます。落花生は脳の栄養となるアミノ酸や細胞を活性化するビタミンEなど栄養素がぎっしり！ ぜひ料理に使ってください。

材料（4人分）

ささげ豆、またはあずき（乾燥）……60g
落花生……40g
もち米……3合
塩……大さじ1/2

作り方

❶ささげ豆は水からゆでる。柔らかくなったら豆とゆで汁を分け、ゆで汁は粗熱をとる（あずきを使う場合はかためにゆでる）。
❷もち米はといで水気をきり、①のゆで汁にひたし、冷蔵庫にひと晩おく。
❸落花生は殻をむいて水にひたし、冷蔵庫にひと晩おく。
❹②と③は水気をきる。③と①のささげ豆に塩を混ぜ、②に加えて混ぜる。
❺蒸気の立った蒸し器で④を30分蒸す。一度火からおろし、水330mlをまわしかける。再び蒸気の立った蒸し器に入れ、さらに15分蒸す。

ほっとする懐かしい味。栄養価も抜群!

卵の花炒り煮

副菜

「おから」で記憶力UP!

おからは豆腐を作る過程で、大豆から豆乳をしぼった後に残る大豆の繊維質。食物繊維のほか、良質なたんぱく質を多く含み、脂質のほとんどは体にやさしいリノール酸(不飽和脂肪酸)。脳の記憶力を高めるというレシチンも豊富な、子どもに食べてほしい食材のひとつです。昔から日本人が親しんできたおからをぜひご家庭でも副菜や常備菜に取り入れてください。

材料(4人分)

にんじん……1/3本
長ねぎ……1/2本
油揚げ……1/2枚
ちくわ……1/4本
ごま油……小さじ1
鶏ひき肉……60g
おから……60g
A
三温糖……大さじ1
薄口しょうゆ……小さじ1 1/2
だし汁……50ml

作り方

❶にんじんはせん切りにして軽く下ゆでする。長ねぎは粗みじん切り、油揚げは細切り、ちくわは薄い半月切りにする。
❷フライパンにごま油と長ねぎの半量を熱し、香りが立ったらひき肉をポロポロになるまで炒める。おからも加えて炒め合わせ、サラッとしたらにんじん、油揚げ、ちくわを加えて炒め合せる。
❸Aを加え、木べらで混ぜながら汁気が飛ぶまで炒め煮にする。仕上げに長ねぎの半量を加え、さっと混ぜる。

暑い季節でもさっぱりおいしい、お父さんのつまみにもなる一品

ひっけぇしなます

主菜

漁師さんが生んだ、豪快魚料理

「ひっけぇす」とは房総の漁師言葉で「ひっくり返す」の意味。市場に出荷できないほど小さな豆あじが捕れたときは、釣りのえさに使われたり、漁船の上で漁師たちのおかずになることも。包丁は使わず、手で頭と骨を取って大胆に魚をさばくのが漁師流。たわわに実った夏みかんの果汁をたっぷりかけ、ひっくり返すように混ぜればいいという、簡単な料理です。

材料（4人分）

豆あじ……300g
塩……小さじ2
夏みかんの絞り汁……2個分
（または酢……大さじ1）
しょうが……1かけ
玉ねぎ……1個
A
酢……大さじ4
三温糖……大さじ6
みそ……大さじ6
みょうが……2個
青じそ……3枚

作り方

❶あじは手開きにして頭と中骨、内臓を取る。塩をふって混ぜ、約5分おく。
❷塩を洗わないまま、夏みかんの果汁（または酢）にひたし、さらに5分おく。
❸しょうがはせん切りにする。玉ねぎは薄切りにして塩もみし、水洗いする。
❹混ぜ合わせたAに③、汁気をきった②を加えて混ぜ、器に盛る。せん切りにしたみょうがと青じそをのせる。

乾物ならではの独特の旨みを生かし、今風にアレンジ

切干大根のオイスターソース炒め

副菜

噛みごたえ抜群!「乾物料理」

日本の食文化に欠かせない切干大根や干ししいたけなどの乾物。野菜のない時期でも食べられるようにと考えられた保存食ですが、太陽の力で独特の旨みが生まれるのも魅力。食物繊維が豊富でおなかの掃除に役立ち、噛みごたえがあって歯の健康にも◎。栄養豊富で保存性が高い乾物は、常に家に常備しておきたい食材のひとつです。

材料（4人分）

切干大根……40g
干ししいたけ……2枚
にんじん……1/4本
ピーマン……2個
にら……1/2束
豚切り落とし肉……50g
ごま油……小さじ2
A　しょうゆ……小さじ1
　　酒……大さじ1
　　オイスターソース……大さじ3
白すりごま……大さじ2

作り方

❶切干大根はよく水洗いし、水でもどす。干ししいたけは水でもどす。
❷切干大根は水気をしぼってざく切りに、しいたけは薄切りする。もどし汁大さじ2はAに加える。にんじん、ピーマンはせん切り、にらは3cm長さのざく切り、豚肉は細切りにする。
❸フライパンにごま油を熱し、豚肉を炒める。火が通ったら切干大根としいたけ、にんじんを炒め合わせる。
❹Aで調味してピーマン、にらも加え、さっと炒める。ごまをふって軽く混ぜる。

伝統&NEWレシピ 3

じっくり味を煮含ませた、なごめる煮もの

五目豆

副菜

記憶に残る「おふくろの味」

5種の食材と大豆を炊き合わせる五目豆は弱火でじっくり味を煮含ませるため、薄味でも満足できる「おふくろの味」です。「畑の肉」と呼ばれる大豆は良質なたんぱく質、骨の健康に役立つイソフラボンが豊富な優秀食材。水煮の大豆を使えば手軽に調理できます。調理のコツは一緒に煮る具を豆と同じ大きさに切ること。煮くずれを防ぎ、味がまんべんなくなじみます。

材料（4人分）

大豆（水煮）……30g
昆布……5g
じゃがいも……1個
にんじん……1/3本
ごぼう……1/3本
鶏もも肉（皮なし）……40g
さつま揚げ……1枚
サラダ油……小さじ1/2
A
三温糖……小さじ2
しょうゆ……小さじ2
みりん……小さじ1/2

作り方

❶昆布は水200mlでもどし、1cm角に切る。
❷じゃがいも、にんじんは1cm角に、ごぼうは1cm厚さの半月切りにする。鶏肉、さつま揚げは野菜と同じくらいの大きさに切る。
❸鍋にサラダ油を熱して鶏肉を炒め、色が変わったら①、残りの②を加えてざっと炒める。Aを入れ、昆布のもどし汁をひたひたまで加えて落しぶたをする。中火～弱火で15～20分、全体に味がしみるよう、ときどき鍋をゆすりながら、煮汁がなくなって野菜に火が通るまで煮る。

意外と簡単に作れる、夏向きのヘルシーおやつ

ところてん

副菜

海辺のおやつ「ところてん」

ところてんの材料の天草は、多糖類を豊富に含む海藻の一種。煮ると寒天質が溶け出し、ゼリーよりもややかための食感に仕上がります。奈良時代にはすでに食べられており、江戸時代には庶民の間食として大流行したという、まさに国民食のひとつ。食物繊維が豊富で、食欲のない日でもツルリと食べられるのどごしの良さ。簡単なので、子どもと一緒に作ってみてください。

材料（作りやすい分量）

天草……15g
酢……小さじ1
A｜酢……大さじ3
　｜しょうゆ……大さじ2
刻みのり……適量
練りがらし……適量
B｜きなこ……大さじ2
　｜黒蜜……大さじ2

作り方

❶天草は水でよくもみ洗いする。
❷鍋に①、水1ℓ、酢を入れて火にかける。アクを取りながら1時間煮る。
❸ザルにペーパータオルを敷き、②をこす。四角い容器に流し入れ、粗熱がとれたら冷蔵庫で冷やしかためる。
❹半量は細長く切り（あればところてん突きで突く）、器に盛ってAをかけ、のりとからしを添える。
❺残りは1cm角に切って器に盛り、Bをかける。

伝統&NEWレシピ

3

郷土料理「サンガ焼き」を現代感覚でアレンジしたアイデア丼

サンガの櫃《ひつ》まぶし丼

主食　主菜

一度で三度おいしい櫃まぶし

魚とみそ、薬味を合わせてたたいた「なめろう」を、ハンバーグのように焼いた「サンガ焼き」は南房総で昔から食べられてきた漁師料理です。サンガ焼きをアレンジした櫃まぶしは、南房総食材を使った「どんぶり料理コンテスト」で平成24年度の最優秀賞を受賞した作品。最初はサンガをおかずにご飯を食べ、次はサンガとご飯を混ぜて食べ、最後はつゆをかけて茶漬けにして。

材料（4人分）

あじ……4～6尾
長ねぎ……1/2本
しょうが……1かけ
みそ……大さじ1強
焼きのり……1 1/2枚
サラダ油……少々
ご飯、錦糸卵……各適量

A
- だし汁……600ml
- 塩……小さじ1
- しょうゆ……小さじ1
- みりん……小さじ1

好みの薬味（三つ葉、みょうが、塩もみきゅうりなど）……適量

作り方

❶あじは三枚におろし、皮をむいて包丁で粗くたたき、長ねぎ、しょうがは粗みじん切りにする。みそも加えて混ぜるように包丁でたたき、なめろうを作る。
❷のりは9等分に切り、片面になめろうをぬりつける（なめろうの真ん中に包丁の背などで筋を入れるとうなぎ風になる）。フライパンにサラダ油を熱して、のりのついていない側を下にして焼く。両面を焼いて1cm幅に切る。
❸鍋にAを合わせ、温める。
❹どんぶりにご飯を盛って錦糸卵を散らし、②を盛る。好みの薬味と③を添え、各自でかけながら食べる。

5色の野菜が揃った体にやさしい栄養バランス抜群どんぶり

マーボーひじき丼

主食　主菜

小学生が考えたご当地どんぶり

小中学生を対象にした「どんぶり料理コンテスト」で、平成24年度の審査員特別賞を受賞した作品。面倒そうな乾物のひじき料理ですが、市販品を上手に使って料理初心者でもおいしく、野菜が豊富で栄養バランスの取れたどんぶりに仕上げてくれました。料理は子どもの自由で豊かな発想力をのばすチャンス。子どものうちから料理に親しんでください。

材料（作りやすい分量）

豚ひき肉………300g
ひじき（乾燥）……20g
にら……1/2束
にんじん……1/2本
なす……1本
たけのこ（水煮）……150g
ごま油……大さじ1
しょうがのすりおろし……適量
にんにくのすりおろし……適量
A　マーボー豆腐の素（肉入り／市販品）……200g
　　しょうゆ……小さじ1
水溶き片栗粉
（片栗粉大さじ1、水大さじ2）
ご飯……適量

作り方

❶ひじきはよく水洗いして水でもどし、2〜3cm長さに切る。野菜は食べやすい大きさに切る。
❷フライパンにごま油を熱して、しょうが、にんにくを炒める。香りが立ったら、ひき肉をポロポロになるまで炒める。にんじん、ひじき、たけのこ、なすの順に炒め合わせる。
❸Aで調味し、にらを加えてさっと炒める。水溶き片栗粉でとろみをつける。
❹どんぶりにご飯を盛り、③をかける。

3

スパイスを駆使して作った、香り高い本格カレー

三芳中2年B組夏カレー

主食　主菜

材料（4人分）

鶏もも肉（皮なし）……150g
トマト……2個

A
- 玉ねぎ……2個
- にんにくのみじん切り、しょうがみじん切り……各小さじ1/2

サラダ油……小さじ1
塩、こしょう…各少々

B
- プレーンヨーグルト……50ml
- 牛乳……150ml
- 水……150ml

C
- オールスパイス……少々
- ガラムマサラ……少々
- ローリエ……1枚
- カレールウ（市販品）……4皿分

好みの夏野菜……適量
（かぼちゃ1/4個、れんこん1/4節、なす2本、ミニトマト4個、セロリの葉少々）
揚げ油、ご飯……各適量

※給食では市販ルウを使用した簡単バージョンとして提供。実際の大会レシピは『南房総旬市場』のホームページに掲載されています。
http://civil.mboso-etoko.jp/chisan-chisho/

作り方

❶鶏肉はひと口大、トマトは角切り、Aはみじん切りにする。
❷鍋にサラダ油を熱し、弱火でAを透明になるまでよく炒める。香りが立ってきたら鶏肉を加え、塩、こしょうする。トマトを加えて混ぜる。
❸Bを加え、よく混ぜる。煮立ったらCを加え、弱火で約15分煮る。
❹夏野菜は食べやすく切り、かぼちゃとれんこん、なすは揚げ油で素揚げするか焼く。
❺器にご飯と③を盛り合わせ、④をトッピングする。

魚嫌いな子どももパクパク食べられる、ミニハンバーグ風

あじのサンガ焼きカレー風

主菜

地元愛を深めるご当地カレー

「三芳中２年Ｂ組夏カレー」と「あじのサンガ焼きカレー風」は、どちらも地元食材を使った「南房総ご当地カレー」コンテストの受賞作。中学校の授業で学んだ地元生産者の食材を生かしたいと生まれたカレーは、学校や地域のコミュニケーションが深まるきっかけに。伝統料理をアレンジしたサンガ焼きカレーは、地元を知り、郷土愛を育む食農教育に役立ちました。

材料（４人分）

あじ……４尾
玉ねぎ……1/3個
にんじん……1/3本
ピーマン……1/3個
カレー粉
……小さじ２（好みで増減）
しょうゆ……大さじ1
サラダ油……大さじ1/2

作り方

❶あじは三枚におろし、皮をむいて包丁で細かくたたく。
❷玉ねぎ、にんじん、ピーマンはみじん切りにする。①、カレー粉、しょうゆと合わせて混ぜ、４等分にして小判型に形をととのえる。
❸フライパンにサラダ油を熱して、②の両面をこんがり焼く。仕上げにしょうゆを回し入れ、香りをつける。

生産者インタビュー

「私たちも“ご飯給食”を応援しています!!」

地域の生産者の方々の協力なくして、地産地消を生かしたご飯給食は生まれませんでした。日頃の感謝を込めて、採れたて食材を提供いただく生産者の方々にお話を伺いました。

かざぐるまファーム 山田一洋さん（南房総市・丸山地区）

「ご飯給食の要であるお米。今後も地元らしさを強めていきたい」

丸山の給食センターに定期的に届けています。これからの日本を支える子どもたちにこそ、郷土の味を食べもらいたいと思っています。地産池消の取り組みはとても良いことです。現在、南房総ではコシヒカリを育てている農家がほとんどですが、私たちはもっと地元らしい米の栽培にも力を入れています。「これが故郷の米の味だ」と子どもたちに感じてもらえるよう、これからもがんばっていきます。

内藤 昭さん・絹子さん（南房総市・千倉地区）

「生でも食べられる甘～い長ねぎを子どもたちに食べてもらいたい」

冬でもたっぷりとふり注ぐ太陽と潮風を受け、水はけのよい砂地で育てた長ねぎは、食欲をそそる色みの良さが特徴です。種をまく時期をずらし、農薬をあまり使わずに育てる工夫をしています。私の作る長ねぎは、生食でもおいしく、甘さや香りが絶品です。子どもたちが待っていると思うと、寒い日でも雨の日でも、早朝から作業ができます。学校給食に地元の食材を使ってもらえることで、農作業のモチベーションも上がります。

小柴健一さん（南房総市・丸山地区）

「大きなみかんを子どもたちに届けています」

温暖な気候に恵まれた南房総市では、酸っぱすぎず、甘すぎない、酸と甘みのバランスが良い、とてもおいしいみかんに育ちます。化学肥料や農薬を極力減らした減農薬で、皮の色つやがよく、きれいな濃いオレンジ色をしています。おいしい旬は10月下旬から2月ぐらいまで。子どもたちには大きなみかんを食べてほしいと、学校給食にはSではなくMサイズのみかんを提供しています。

和田良一さん（南房総市・三芳地区）

**「減農薬栽培で作ったピーマンを
学校給食に届けています」**

直売所などでもあまり人気のないピーマン、ただ売るためだけでしたら栽培していなかったかもしれません。学校から子どもたちに食べさせたいという依頼があり、減農薬栽培でたくさんのピーマンを作るようになりました。子どもたちには、口あたりの良いものばかりではなく、小さいうちから味の濃い、栄養たっぷりの野菜を食べさせてあげてください。苦手な子には、苦みや臭みが少ない「子どもピーマン」という品種がおすすめです。

鈴木 悟さん（南房総市・三芳地区）

**「冬でも野菜が育つ南房総ならではの
安心・安全なキャベツを給食に」**

気候が温暖なために冬でも野菜が生育しやすいというメリットがあります。ただし、温かいゆえに害虫が出やすいデメリットもあります。子どもたちの安全を考え、農薬をかけずに済む工夫を栽培時期と肥料で行っています。一般的には暮れ出しといって12月に出荷を始めますが、私は12月に植えつけをして4月に出荷しています。そのほうが肥料をよく吸収し、良いキャベツを作ることができるのです。

足達 崇さん・憲子さん（南房総市・富山地区）

「太陽の恵みを受けた露地野菜を味わって！」

有機肥料や化学肥料の管理を徹底し、農地を最高の状態にまで高めています。良い土と温暖な気候で育った露地物のブロッコリーは、ゆでてしょうゆをかけるだけでも美味。「自分が食べてまずいものは人様にお出しできない」をモットーにしています。学校給食のために納品するようになってからは、「雨の日でも子どもたちのために出荷する！」という気持ちが自然と生まれました。味も栄養も落ちない鮮度の良いうちに食べてほしいですね。

安田正一さん（南房総市・千倉地区）

**「高級有機肥料で育てる
本物の野菜の旨みを味あわせたい！」**

高級メロンのハウス栽培をしていますが、オフシーズンの冬季に子どもたちのために小松菜を育てています。いわしの魚肥など、メロンにも使っている高級有機肥料を贅沢に使って育てているため、非常に味ののりが良いです。小松菜は株が小さいほうが柔らかくておいしいので、早めに摘みます。子どもたちには、冷凍野菜ではない採れたての野菜の旨みを味あわせてあげたいですね。

学校給食にも提供されている
南房総市の名産品インデックス

豊かな食の幸に恵まれた南房総市。市内外でも人気の名産品は学校給食にも提供され、子どもたちの日々の健康を支えています。

スルメイカの旨みが詰まったメンチ
イカメンチ

富浦駅近くにあるお肉屋さんの人気物菜メニュー。メンチの中には、新鮮なスルメイカがぎっしり。その場で1個から気軽に食べることができ、観光客にも地元の人にも愛されています。ひとくち食べると、口の中いっぱいにイカの香りが広がります。

問 釜新肉店　☎0470-33-2187

新鮮なあじを使った郷土料理
伏姫さんが焼き

南房総の代表的な郷土料理、サンガ焼き。青倉商店のサンガ焼きは、地元で獲れた新鮮なあじをすりつぶし、特製だれで魚臭さを抑えています。たっぷりの野菜を使い、冷めてもふっくら。魚嫌いな方でもおいしくいただけます。

問 青倉商店　☎0470-57-2900
http://www.aokura-sanga.com/

減農薬の米と大豆が原材料
和田のかあちゃん味噌

安心・安全な食材を消費者に届けることをモットーに設立された「農事組合法人 和加菜」。地元の減農薬で育てられた米と大豆を原材料に、丹精を込めてじっくりと仕込んだ味噌は、千葉県味噌鑑評会で「優」の評価を受けています。

問 和加菜　☎0470-47-2471（FAX兼用）

無添加の手づくり味噌
三芳のみそ

地元・三芳産の米と青大豆、赤穂の天塩を使用し、おいしさと安全にこだわって作られた味噌。製法も昔ながらの味噌に近づけるよう、ほとんどが手作業で行われています。子どもたちに伝えたい、残したい、まろやかなお母さんの味です。

問 母さんの味工場組合
☎0470-36-3209（農事組合法人 土のめぐみ館）

低カロリーかつ食感が抜群！
真いわしフライ

千葉県で漁獲された真いわしの開きを使ったボリューム満点のいわしフライ。低吸油のドライパン粉と米粉をブレンドした衣が、低カロリーに揚がる秘訣です。身が厚く、サクサクとした食感が子どもたちにも好評です。

問 千倉水産加工業協同組合　☎0470-44-1811

蒲焼き風のアイデア料理
いわし蒲焼

千葉県産の鮮度の良い真いわしを、子どもにも食べやすいように三枚におろし、でんぷんを付けて蒲焼き風に仕上げています。そのまま ご飯のおかずにしても、丼にしてもおいしい。たれも無添加で、安心・安全です。

問 千倉水産加工業協同組合　☎0470-44-1811

生姜醤油ベースのタレが美味
いわしごま衣

三枚におろした千葉県産の真いわしを、ごまと小麦粉を合わせた衣でカラッと揚げていただきます。生姜醤油ベースのたれで、魚嫌いの子どもも抵抗なく箸がすすみます。

問 千倉水産加工業協同組合　☎0470-44-1811

塩分少なく、甘みのある梅干し
梅干し

梅の最高級品のひとつ、南高梅《なんこうばい》を使用した梅干し。果肉が厚く、皮がやわらかいのが特徴です。子ども向けに工夫され、塩分は少なめで、甘酸っぱい味が給食でも好評です。毎年8月下旬頃から農産物直売所「小戸梅の郷 たんくろ市場」で販売されています。

問 小戸梅の郷 たんくろ市場　☎0470-46-4715（土・日曜）

老舗和菓子店の人気商品
夢うさぎ

和田浦で100年続く老舗和菓子店の人気商品。見た目もかわいい「夢うさぎ」は、小麦粉を使わず、山芋と米粉を使い、山芋の粘りとこしを利用して膨らませる『薯蕷《じょうよ》まんじゅう』です。中にはあっさりとしたこしあんを包み、柔らかく仕上げています。

問 盛栄堂　☎0470-47-2147

キンセンカの手作りアイス
お花のアイス

南房総で食用に栽培されたキンセンカの花びらを使った、全国でも珍しいお花のアイスクリーム。キク科の植物、キンセンカは海外では薬用植物として知られるほど栄養価が高く、乳化剤や安定剤を一切使用していない体にやさしい味です。

問 南総えころじー　☎0470-44-0240
http://park23.wakwak.com/~nansou-eco/

おわりに

南房総市の「日本一おいしいご飯給食」は、平成22年8月の市内教職員研修会での「来年4月からは5日間ご飯にする」という突然の宣言で始まりました。

以来、多くの方にご苦労、ご尽力をいただいています。市内の農家、直売所などを訪ねての食材開拓、地産地消献立の工夫、日々の給食の画像付きでの市ホームページへの掲載など、給食センターの取り組みには感謝の言葉がありません。

本書の出版にあたり、多くの方々にご理解、ご協力をいただきました。ありがとうございます。この本を手にされた皆さんのご支援をいただき、地産地消・自産自消がさらに進み、子どもたちがより健康となり、不耕作地の減少、地域の方々の生き甲斐創出などの多くの夢が現実化していくことを確信しています。

南房総市教育委員会教育長 三幣貞夫

STAFF

編集　嶺月香里
写真　末松正義
スタイリング　黒瀬佐紀子
デザイン　大森由美
編集協力　矢野哲司（南房総市教育委員会）

食器提供

陶器　西海陶器株式会社
http://www.saikaitoki.co.jp/

漆器　株式会社我戸幹男商店
http://www.gatomikio.jp

南房総市 日本一おいしいご飯給食

2013年11月16日　初版第1刷発行
2018年11月27日　初版第2刷発行
著者　南房総市
編集　上野建司
発行者　佐野 裕
発行所　トランスワールドジャパン株式会社
〒150-0001
東京都渋谷区神宮前6-34-15 モンターナビル
Tel.03-5778-8599 ／ Fax.03-5778-8743
印刷・製本　中央精版印刷株式会社
Printed in japan

ISBN978-4-86256-132-9